REFORMA 2012

Marlena Kucz

Język angielski zawodowy

w budownictwie

ZESZYT ĆWICZEŃ

WSiP

Zeszyt ćwiczeń *Język angielski zawodowy w budownictwie* stanowi uzupełnienie podręczników do nauki zawodów z branży budowlanej opracowanych przez WSiP zgodnie z nową podstawą programową.

© Copyright by Wydawnictwa Szkolne i Pedagogiczne sp. z o.o.
Warszawa 2013

ISBN 978-83-02-13343-5

Opracowanie merytoryczne i redakcyjne: **Zbigniew Dziedzic** (redaktor koordynator)
Konsultacja językowa i korekta: **Olga Dowgird**
Redakcja techniczna: **Elżbieta Walczak**
Projekt okładki: **Dominik Krajewski**
Fotoedycja: **Agata Bażyńska**
Skład i łamanie: **Grafos**

Wydawnictwa Szkolne i Pedagogiczne spółka z ograniczoną odpowiedzialnością
00-807 Warszawa, Aleje Jerozolimskie 96
Tel.: 22 576 25 00
Infolinia: 801 220 555
www.wsip.pl
Druk i oprawa: Orthdruk sp. z o.o., Białystok

SPIS TREŚCI *TABLE OF CONTENTS*

1

Wprowadzenie
Introduction

KEY WORDS – WAŻNE POJĘCIA

administration building budynek administracyjny

apartment building / residential building budynek mieszkalny

architectural design projekt architektoniczny

attic poddasze

balcony balkon

balustrade balustrada

basement / cellar piwnica

building costs koszty budowy

building development area / building area / housing development area powierzchnia pod zabudowę

building budynek

building site inspector inspektor budowlany

building legislation prawo budowlane

building participants uczestnicy procesu budowlanego

building permit pozwolenie na budowę

building site organization scheme projekt organizacji budowy

CAD / Computer Aided Design projektowanie wspomagane komputerowo

ceiling strop

chimney komin

church kościół

civil engineer inżynier budowlany

client klient

complete state / finished building budynek wykończony (gotowy)

construction drawing rysunek konstrukcyjny

continuous footing / base ława fundamentowa

covered area powierzchnia zabudowy (zabudowana)

cubage / cubature kubatura

delete usunąć / skreślić

design projekt, plan, szkic

diagram drawing rysunek schematyczny

dimension wymiar, zwymiarować

down pipe rura spustowa

draft kreślić (tuszem)

draw rysować

drawing / figure rysunek

eave okap

erection work execution scheme projekt robót montażowych

external wall ściana zewnętrzna

facade fasada

final payment zapłata końcowa

finishing work wykończenie

flatroof stropodach / dach płaski

floor piętro / podłoga

foundation fundament

foundation wall ściana fundamentowa

garden architecture architektura ogrodowa

gate brama

ground level poziom terenu

gutter rynna

hatch zakreskować

house dom

incomplete structure stan surowy budynku

industrial area obszar zabudowy przemysłowej

industrial building budynek przemysłowy

interior designer architekt wnętrz

internal wall ściana wewnętrzna

instalment payment płatność sukcesywna / ratalna

isometric drawing rysunek izometryczny

landscape architecture architektura krajobrazu

lintel nadproże

living area powierzchnia mieszkalna

load bearing wall ściana nośna

loft / garret strych

modify zmodyfikować

multi-storey building budynek wielopiętrowy

office building budynek biurowy

organization chart schemat organizacyjny

parapet parapet / gzyms

partition wall ściana działowa

pillar filar

plinth cokół

preliminary design / predesign / foredesign projekt wstępny

prepare a computer drawing wykonać rysunek komputerowo

proposed layout plan zabudowy

rafter krokiew

revise zweryfikować

ridge kalenica

ring wieniec

roof dach

roof pitch pochylenie dachu

shell of a building budynek w stanie surowym

sketch szkicować

skylight window okno połaciowe

smudge zacieniować

stadium stadion

stairs schody

storey kondygnacja

sub-basement druga kondygnacja podziemna

substructure podziemna część budynku

superstructure nadziemna część budynku

temporary building / auxiliary building budynek tymczasowy

trace przerysować

usable area powierzchnia użytkowa

wall ściana

window okno

working drawing rysunek roboczy / wykonawczy

Architecture is the ability to plan (design), shape the space and adapt it to one's specific needs (functions), such as residential, educational, entertainment and industrial ones. Architects have to design buildings to satisfy physical, spiritual and aesthetics needs. Construction (building industry), on the other hand, is the technical ability to raise buildings. This area of the economy is not only related to buildings and structures, but also to designing, maintaining and demolishing them.

Architektura to umiejętność projektowania i kształtowania przestrzeni oraz przystosowania jej do określonych potrzeb (funkcji), np. mieszkalnych, oświatowych, rozrywkowych, przemysłowych. Architekci muszą zaprojektować budynki tak, aby zaspokajały potrzeby fizyczne, duchowe i estetyczne. Natomiast budownictwo jest techniczną umiejętnością wznoszenia budynków. To dziedzina gospodarki związana nie tylko ze wznoszeniem budowli, lecz także z ich projektowaniem oraz konserwacją i rozbiórką.

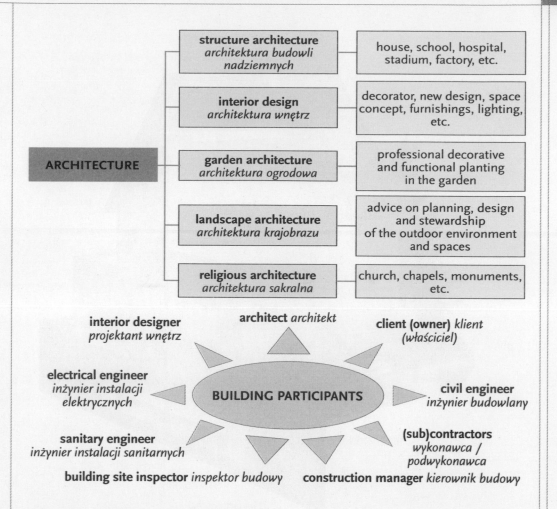

| structure architecture *architektura budowli nadziemnych* | house, school, hospital, stadium, factory, etc. |

| interior design *architektura wnętrz* | decorator, new design, space concept, furnishings, lighting, etc. |

ARCHITECTURE

| garden architecture *architektura ogrodowa* | professional decorative and functional planting in the garden |

| landscape architecture *architektura krajobrazu* | advice on planning, design and stewardship of the outdoor environment and spaces |

| religious architecture *architektura sakralna* | church, chapels, monuments, etc. |

interior designer *projektant wnętrz*

architect *architekt*

client (owner) *klient (właściciel)*

electrical engineer *inżynier instalacji elektrycznych*

BUILDING PARTICIPANTS

civil engineer *inżynier budowlany*

sanitary engineer *inżynier instalacji sanitarnych*

(sub)contractors *wykonawca / podwykonawca*

building site inspector *inspektor budowy*   **construction manager** *kierownik budowy*

1.1. Elementy budynku
Elements of a building

All buildings and structures should ensure safety of their users. Parts that make up the building meet the specific functions and are called the elements of the building. A multi-storey building is constructed of load-bearing elements, elements of communication and finishing, equipment and installation systems. Structural elements that carry the load are: foundations, walls, beams, ceilings, roof, pillars, etc. Finishing includes: flooring, plaster, insulation, windows and doors, roofing tiles, etc. The figure on the next page shows a cross-section of a building with names of components (building elements).

Wszystkie budynki i budowle powinny zapewniać bezpieczeństwo użytkowników. Części, z których składa się budynek, spełniają określone funkcje i nazywane są elementami budynku. Budynek wielokondygnacyjny zbudowany jest z elementów nośnych, elementów komunikacji i wykończenia, wyposażenia oraz instalacji. Elementy konstrukcyjne, które przenoszą obciążenia, to fundamenty, ściany, belki, stropy, dach, filary itp. Elementy wykończeniowe to między innymi podłogi, tynki, izolacje, okna, drzwi i pokrycia dachowe. Na rysunku na następnej stronie przedstawiono przekrój budynku z nazwami elementów budowlanych.

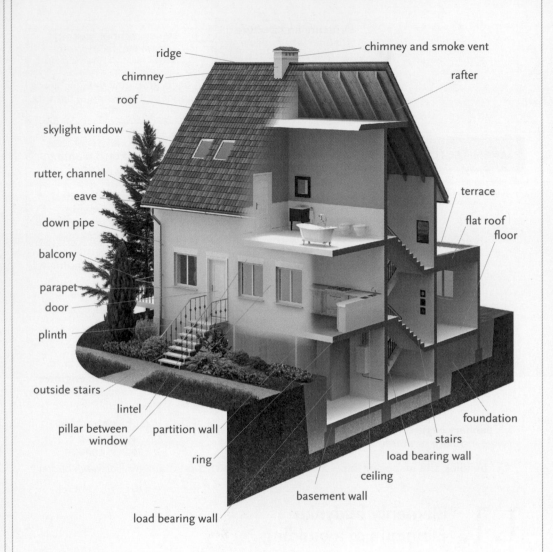

ridge — chimney and smoke vent — chimney — roof — rafter — skylight window — rutter, channel — terrace — eave — flat roof — down pipe — floor — balcony — parapet — door — plinth — outside stairs — lintel — foundation — pillar between window — partition wall — stairs — ring — load bearing wall — ceiling — basement wall — load bearing wall

ZADANIE 1.

Co widzisz na rysunkach? Podpisz je po angielsku.
What can you see in the pictures? Write in English.

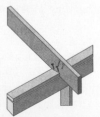

_____   _____   _____

ZADANIE 2.

Wstaw brakujące słowa.
Fill in the gaps.

Agnes lives in a _____ (dom jednorodzinny dwukondygnacyjny) without _____ (piwnica). There are two _____
(balkony) on the _____ (frontowa) elevation and a _____
(taras) on the south elevation. On the _____ (dach) near the ridge, there
are two _____ (kominy) and a large _____ (okno
połaciowe). The roof pitch is 30°. Plinth reaches the height of 30 cm and is made of clinker.
External (outside) _____ (schody) and the _____ (taras)
are covered with tiles. Parapets and _____ (filarek) between the windows
in the east elevation are made of marble.

ZADANIE 3.

Połącz w pary.
Match the pairs.

town ○   □ area
proposed ○   □ manager
incomplete ○   □ architecture
construction ○   □ draw
living ○   □ layout
landscape ○   □ legislation
building ○   □ planning
perspective ○   □ structure

ZADANIE 4.

Przeczytaj notatkę prasową dotyczącą budynku w Dubaju – przetłumacz wyróżnione
fragmenty na język polski.
*Read the press release on the building in Dubai and translate the distinguished fragments
into Polish.*

The Dynamic Tower – 80-storey rotating tower

An extraordinary piece of architecture and engineering, *this* 80-storey building *scheduled for completion in 2010 should really make people think differently. The tower, located in Dubai, will house 20 floors of retail space,* 15 floors for an extravagant hotel *and the remaining floors for residential apartments with the top 10 floors set aside for luxury villas of up to 12,900 square feet in size.* Designed by Italian architect Dr. David Fisher the tower will rotate to benefit from the sun and adapt to the wind. *It even generates its own energy by cleverly integrating 79 wind turbines between floors and using photovoltaic cells on the roof of each floor. Each floor has its* own car parking *space serviced by a vehicle lift in the centre of the structure and* voice activated controls to rotate the apartment *to suit your needs. If you wish to have your evening meal overlooking the sea, so be it, and if you wish to wake to the morning sun, just say the word!.*

ZADANIE 5.

Opisz w języku angielskim budynek, w którym mieszkasz, w którym się uczysz oraz do którego chodzisz na zakupy.

Describe the following buildings in English: where you live, where you learn, where you do your shopping.

2 Style architektoniczne
Architectural styles

KEY WORDS – WAŻNE POJĘCIA

Ancient Egypt starożytny Egipt

Ancient Greece starożytna Grecja

Ancient Rome starożytny Rzym

arcade podcień, arkada

arch łuk

architectural style styl architektoniczny

Baroque barok

base baza

bell-tower dzwonnica

buttress przypora

capital głowica

chimney komin

church kościół

classical klasyczny

colonnade kolumnada

column kolumna

conical roof dach stożkowaty

Corinthian style styl koryncki

crocket czołganka (żabka)

dome kopuła

Doric style styl dorycki

dormer okno mansardowe

Egyptian egipski

finial, fleuron kwiaton

form forma

gable szczyt

gable roof dach dwuspadowy

gilt złocenie

Gothic styl gotycki, gotyk

Ionic style styl joński

jamb ościeżnica, framuga

lantern latarnia

marble marmur

modernism modernizm

nave nawa

Neo-Gothic neogotyk

Neo-Renaissance neorenesans

niche nisza

ogee arch ośli grzbiet

oval owal

palace pałac

pediment fronton, przyczółek

pinnacle sterczyna

plain prosty

porch weranda, ganek, przyścianek, podjazd

postmodernism postmodernizm

Renaissance renesans

Rococo rokoko

Romanesque style styl romański

rose window rozeta

scroll zwój, ślimak

Secession / Art Nouveau secesja

shaft trzon

shape kształt

shingle gont

spire iglica

stairways schody

stone kamień

stone banding opaska kamienna

temple świątynia

trumeau filar międzyokienny lub drzwiowy

vault sklepienie

volute zwój, ślimacznica

wall ściana

In general, style is the term we use when we classify buildings according to their appearance, structure, materials, and historical period. Buildings are said to belong to the same classification (or style) when they share many of the same characteristics:
- *roof shape and pitch;*
- *building size and number of storeys;*
- *window size, shape, and placement;*
- *door shape and placement;*
- *decorative details, such as brackets and cornice trim;*
- *construction materials such as brick, stucco, or wood;*
- *footprint and floor plan;*
- *historical period.*

Na ogół słowa styl używamy, kiedy klasyfikujemy budynki według ich wyglądu, konstrukcji, materiałów i czasu powstania. Budynki można zaliczyć do tego samego stylu, jeśli mają wiele cech wspólnych, takich jak:
- *kształt dachu i jego nachylenie;*
- *wielkość budynku i liczba pięter;*
- *kształt, rozmieszczenie i rozmiar okien;*
- *kształt i rozmieszczenie drzwi;*
- *dekoracyjne detale, takie jak wsporniki gzymsu i inne elementy wykończenia;*
- *materiały budowlane, takie jak cegły, tynk lub drewno;*
- *rzut fundamentów, rzut piętra;*
- *okres historyczny.*

2.1. Główne style w europejskim kręgu kulturowym
Main styles in European culture

ANCIENT EGYPTIAN
Egipt, Giza

ANCIENT GREEK
Grecja – Akropol

ANCIENT ROMAN
Włochy, Rzym – Łuk Konstantyna Wielkiego

ROMANESQUE STYLE
Hiszpania, Katalonia – Besalu

GOTHIC STYLE
Polska, Poznań – katedra

RENAISSANCE STYLE
Polska, Poznań – ratusz

BAROQUE
Polska, Warszawa – Wilanów

ROCOCO
Łotwa, Ryga

CLASSICAL STYLE (CLASSICISM)
Polska, dworek pod Warszawą

ART NOUVEAU (SECESSION)
Hiszpania, Barcelona – Sagrada Familia

EXPRESSIONIST STYLE
Australia, Sydney – opera

MODERN STYLE
Malezja, Kuala Lumpur – Petronas Twin Tower

2.2. Styl antyczny
Ancient style

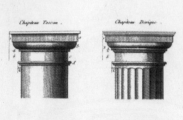

The Doric style *is the simplest. It is rather strong and its top (the capital), is plain. This style was used in mainland Greece and the colonies in southern Italy.*

The Ionic design *is famous for its scrolls. The Ionic style is thinner and more elegant. Its capital is decorated with a volute. This style was found in eastern Greece and the islands.*

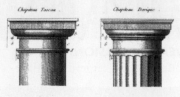

The Corinthian style *is quite fancy. It is seldom used in the Greek world, but often seen in Roman temples. Its capital is very elaborate and decorated with acanthus leaves.*

Porządek dorycki *jest najprostszy. Charakteryzuje go mocny trzon kolumny i prosta głowica. Styl ten stosowano w Grecji kontynentalnej i w koloniach w południowej Italii.*

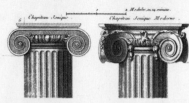

Porządek joński *słynie ze zwojów. Kolumny są cieńsze i bardziej eleganckie od doryckich. Głowica jest ozdobiona zwojami (ślimakami). Kolumny w tym stylu zostały znalezione we wschodniej Grecji i na wyspach.*

Styl koryncki *jest dość fantazyjny. Rzadko stosowano go w świecie greckim, ale często pojawiał w rzymskich świątyniach. Głowica jest bardzo rozbudowana i ozdobiona liśćmi akantu.*

2.3. Elementy kolumny
Column elements

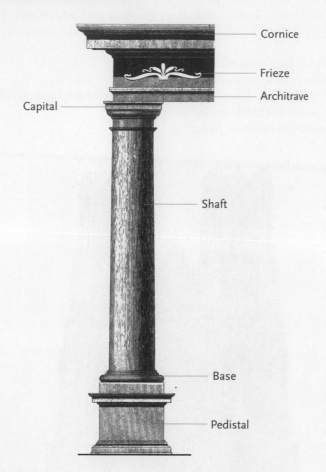

- Cornice
- Frieze
- Architrave
- Capital
- Shaft
- Base
- Pedistal

2.4. Gotyk
Gothic

Gothic architecture is unique in its use of materials. Many different structures across Europe were Gothic. A characteristic of the Gothic building architecture is its height, both absolute and in proportion to its width, and verticality, suggesting an aspiration to Heaven. One of the most distinctive characteristics of Gothic architecture is the very large size of windows. Regional influence played a major role in the design variations and preference for building material:

- *in France limestone was used extensively;*
- *in England – red sandstone and coarse limestone;*
- *in Northern Germany and the Baltic nations, the tradition was of using brick;*
- *in Italy marble was the preferred material;*
- *in Poland brick was used extensively.*

Architektura gotycka jest unikatowa pod względem zastosowania materiałów. Gotyk miał wiele różnych odmian w całej Europie. Charakterystyczną cechą gotyckiej budowli jest jej duża wysokość w porównaniu z szerokością. Ta strzelistość symbolizuje dążenie do nieba. Jedną z najbardziej charakterystycznych cech architektury gotyckiej jest duży rozmiar okien. Regionalne wpływy odegrały ważną rolę w zróżnicowaniu projektów i wyborze stosowanych materiałów budowlanych:

- we Francji powszechnie stosowano wapień;
- w Anglii używano czerwonego piaskowca i wapieni;
- w północnych Niemczech i krajach bałtyckich tradycyjnie korzystano z cegły;
- we Włoszech ulubionym budulcem był marmur;
- w Polsce powszechnie używano cegły.

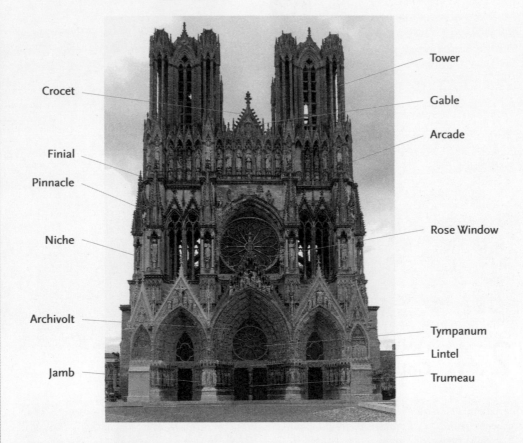

2.5. Barok
Baroque style

The word "baroque" means a misshapen pearl. Baroque architecture evolved out of Renaissance architecture in Italy. In the 1600s, Renaissance architects began to get bored with the symmetry and same old forms they had been using for the past 200 years. Building in Baroque style started to have complicated shapes, large curved forms (an asymmetrical ones), twisted columns, grand stairways and high domes.

Marble, gilt and bronze were the materials that Baroque architects used in many places. Baroque pediments were often highly decorated or interrupted at the centre. Baroque art was popular mostly among the upper class. The most distinct shape of the Baroque style is an oval. It was a very common shape in Baroque buildings. The domes on many churches were oval-shaped, but some were circular.

Słowo „barok" oznacza perłę o nieregularnym kształcie. Architektura barokowa ewoluowała z architektury renesansowej we Włoszech. W XVII wieku architektów renesansu zaczęła nudzić symetria i stare, wciąż te same formy, które stosowano przez ostatnie 200 lat. Budynki w stylu barokowym charakteryzują się skomplikowanym kształtem, skręconymi kolumnami, ogromnymi klatkami schodowymi i wysokimi kopułami.

Marmur, złocenia i brąz to materiały, które barokowi architekci stosowali w wielu miejscach. Barokowe frontony były często bogato zdobione lub przerywane pośrodku. Sztuka tego okresu zdobyła popularność głównie wśród klasy wyższej. Najbardziej charakterystycznym kształtem był owal. Znajdował on powszechne zastosowanie w barokowych budowlach. Kopuły na wielu kościołach były owalne, ale zdarzały się też okrągłe.

ZADANIE 1.

Jaki to styl. Podpisz rysunki w języku angielskim.
What styles are these? Write in English.

ZADANIE 2.

Przeczytaj tekst. Wstaw brakujące słowa w odpowiednie miejsca.
Read the text and fill in the gaps.

THE COLOSSEUM – ROMAN ARCHITECTURE

The Colosseum was situated in the centre of Rome, it was in fact a symbol of the might, wealth and power of the Roman Empire. The Colosseum took less than 10 years to build, a remarkable achievement for the excellent engineers and their famous engineering skills. The architecture of the Roman Colosseum illustrates their use of one of the Romans' most famous inventions – _ o n _ _ _ _ _. The Roman _ r _ _ was prominently featured in the design and building of the Colosseum as were the different s _ y _ _ _ of architecture reflected in the Roman columns. Look carefully at pictures of the Colosseum and you will see Doric _ _ l _ _ _ s at the bottom, then Ionic, with Corinthian columns in the third s _ o _ _ _. There is a certain logic in this the strongest of the columns on the bottom _ i _ _, which must support those above it. The interior of the Colosseum is divided into three parts:
- Arena – where the performances used to take place,
- Podium – place of honour,
- Cavea – where the animals used to be held in before combats.

The huge theatre was originally built encompassing four _ l _ _ _ s . The first three had arched entrances, while the fourth floor utilized rectangular doorways. The floors each measured between 10.5–13.9 metres (32–42 feet) in height. The total height of the construction was approximately 48 metres (144 feet). The arena measured 79 × 45 metres (237–135 feet), and consisted of _ o _ _ and s_ _ _ . There were no less than 76 numbered entrances and 4 additional entrances reserved for the Emperor, other VIPs and the gladiators. The Colosseum was designed for easy crowd dispersal; the entire audience could exit the building in five minutes.

ZADANIE 3.

Uzupełnij tabelę.
Fill in the table.

capital	
	kolumnada
arch	
	styl dorycki
Corynthian style	
	sklepienie
marble	
	ściana

temple	
	iglica
base	

ZADANIE 4.

Utwórz słowa z liter.
Make words from the letters provided.

COROCO: _____

RANEISSAECN: _____

AMORNESEUQYTSYLE: _____

TOGCIH: _____

CASSENOI: _____

SALCSICMSI: _____

ZADANIE 5.

Styl gotycki. Nazwij po angielsku elementy na rysunku.
The Gothic style. Name the elements in the picture in English.

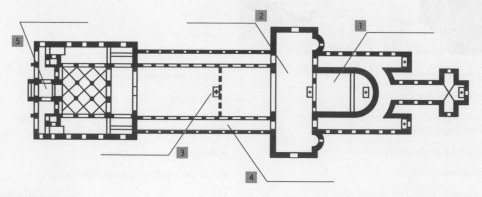

ZADANIE 6.

Styl romański. Przetłumacz nazwy na język polski.
The Romanesque style. Translate the names into Polish.

1. _____

2. _____

3. _____

4. _____

5. _____

6. _____

7. _____

3

Zawody budowlane
Building professions

KEY WORDS – WAŻNE POJĘCIA

architect architekt

bricklayer, mason murarz

building craftsmen, building tradesmen rzemieślnicy budowlani

building professions zawody budowlane

carpenter cieśla

carpentry skills umiejętności ciesielskie

civil engineer inżynier budowlany

concrete placer betoniarka

contractor wykonawca

craftsman rzemieślnik

crane operator operator dźwigu

electrician elektryk

floor-layer posadzkarz

foreman majster, mistrz budowlany

glazier szklarz

hand-eye coordination koordynacja wzrokowo-ruchowa

investor inwestor

joiner stolarz

labourer robotnik

locksmith ślusarz

main contractor główny wykonawca

manager of electrical works kierownik robót elektrycznych

manual skills zdolności manualne

painter malarz

plasterer tynkarz

plumber, pipefitter instalator-hydraulik

quantity surveyor kosztorysant

roofer dekarz

sanitary engineering manager kierownik robót sanitarnych

scaffolder monter rusztowań

service manual, instruction manual instrukcja obsługi

site manager kierownik budowy

skill umiejętność

skilled worker robotnik wykwalifikowany

steel bender zbrojarz-wyginacz prętów

steel fixer zbrojarz-montażysta

subcontractor podwykonawca

tile-layer, tiler układacz płytek ceramicznych

tinman, tinsmith blacharz

unskilled worker robotnik niewykwalifikowany

wallpaperer tapeciarz

welder spawacz

The bricklayer is occupation dates back to ancient times, but it is known that in that era this work involved different activities than presently, although not completely. Even the primitive man, and later the antique one used to build from brick, although he used river mud, which under the influence of the sun became congealed and hard. Masonry craft involves the construction of buildings, using stones, bricks and blocks. These elements are joined with mortar and glues. In today's world, a mason is a physical worker; it is a physical profession for which finishing a professional school or appropriate qualification courses are required.

A carpenter (builder) is a skilled craftsperson who works with timber to construct, install and maintain buildings, furniture and other objects. The work, known as carpentry, may involve manual labour and work outdoors.

In the building industry, site managers, often referred to as construction managers, site agents or building managers, are responsible for the day-to-day on site running of a construction project. Site managers are required to keep a project within the timescale and budget and manage any delays or problems encountered on-site during a construction project.

Also involved in the role is the managing of quality control, health and safety checks and the inspection of work carried out.

Zawód **murarza** pochodzi z czasów starożytnych, ale wiadomo, że w tamtym czasie praca ta polegała na czymś innym, choć są pewne podobieństwa. Już człowiek pierwotny, a później antyczny, murował. Z tym, że używał do tego celu mułu rzecznego, który pod wpływem promieni słonecznych zastygał i stawał się twardy. Rzemiosło murarskie polega na wznoszeniu budynków przy użyciu kamieni, cegły, pustaków. Elementy te łączy się za pomocą zaprawy, klejów. We współczesnym świecie murarz jest robotnikiem. Jest to zawód, do wykonywania którego uprawnia szkoła zawodowa lub odpowiednie kursy kwalifikacyjne.

Cieśla to zawód, który jest związany z obróbką drewna. Jego praca polega na wykonywaniu drewnianych elementów budowlanych, części wyposażenia oraz różnych detali z drewna, które są trwale związane z obiektem budowlanym.

Kierownik budowy jest odpowiedzialny za przebieg prac na budowie. Dba o terminowe, spełniające wymogi jakościowe i zgodne z budżetem prowadzenie robót. Dodatkowo musi się troszczyć o bezpieczeństwo i higienę pracy.

ZADANIE 1.

Wstaw odpowiednie czasowniki w poprawnej formie.
Fill in the text with appropriate verbs in the correct form.

A civil engineer _____ and _____ a building, develops building technology, controls and supervises the construction stages, guides the construction of buildings and structures, explores and refines the whole building or just its parts. Depending on the use of buildings, the engineer _____ to deal with the following types of construction: general (such as housing and public utility buildings – schools, hospitals, cinemas), industrial, transport (road and rail), sanitary (municipal), energy, rural or religious construction.

ZADANIE 2.

Schemat organizacyjny – uczestnicy procesu budowlanego. Przetłumacz schemat na język polski.

Organization chart – participants in construction process. Translate the chart into Polish.

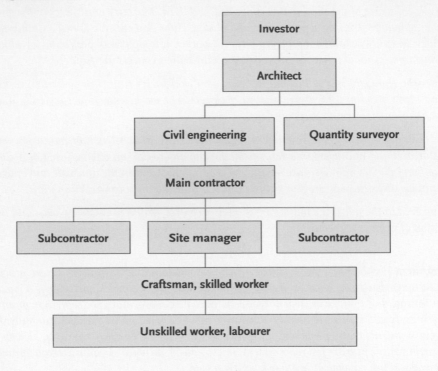

Investor

Architect

Civil engineering   Quantity surveyor

Main contractor

Subcontractor   Site manager   Subcontractor

Craftsman, skilled worker

Unskilled worker, labourer

ZADANIE 3.

Podaj nazwy zawodów, z którymi kojarzysz pokazane niżej ilustracje.

Name the professions that you associate the following pictures with.

  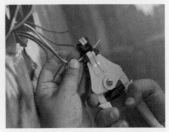

ZADANIE 4.

Wymagania dla zawodu cieśla – wstaw brakujące słowa.
Requirements for a carpente'r job. Insert the missing words.

A carpenter builds, assembles, installs and repairs fixtures and structures that are made of _____ (drewno). The carpenter, in contrast to a joiner, is the provider of constructions such as _____ (więźba dachowa).

Physical requirements. To work as a carpenter, you must:
- be physically fit and have good manual dexterity.
- have hand-eye coordination and _____ (równowaga).

Skills & knowledge.
Carpenters needs to have:
- building and _____ (ciesielskie) skills,
- knowledge of building materials,
- ability to properly use and maintain _____ (narzędzia),
- understanding of building and safety regulations,
- skill in interpreting drawings and architectural _____ (plany),
- knowledge of health and safety procedures on the _____ (plac budowy).

Personal qualities. Carpenters should be:
- accurate and efficient,
- comfortable working at heights,
- safety-conscious,
- _____ (zdolny do pracy w zespole),
- good at _____ (komunikowanie się),
- able to follow instructions,
- good at _____ (matematyka) (be able to solve mathematical problems quickly and accurately),
- _____ (uczciwy) and trustworthy,
- flexible.

ZADANIE 5.

Połącz w pary.
Match the pairs.

plasterer ○   ☐ lays a roof tile
bricklayer ○   ☐ designs a building
electrician ○   ☐ lays pipes
architect ○   ☐ lays wires, cables
roofer ○   ☐ lays plaster
plumber ○   ☐ puts up bricks and blocks

ZADANIE 6.

Rozwiąż krzyżówkę – wpisz nazwy zawodów po angielsku.
Complete the crossword with the jobs in English.

PIONOWO

1. rzemieślnik
2. malarz
3. blacharz
4. stolarz
5. inżynier

POZIOMO

1. cieśla
6. kierownik budowy
7. architekt
8. tynkarz

4

Skala
Scale

KEY WORDS – WAŻNE POJĘCIA

denominator mianownik

derivative of function pochodna funkcji

difference różnica

distance odległość

divided podzielony

equation równanie

formula wzór

fraction ułamek

graph of function wykres funkcji

inequality nierówność

linear liniowy

multiplication mnożenie

multiplied pomnożony

parabola parabola

product iloczyn

proportion proporcja

quotient iloraz

add dodawać

addition dodawanie

angle kąt

arm ramię

bracket nawias

coefficient współczynnik

combination kombinacja

coordinates współrzędne

cosine cosinus

cotangent cotangens

count liczyć

curve krzywa

decimal dziesiętny

ratio stosunek

root pierwiastek

rotation obrót

scalar skalar

sine sinus

straight prosta

subtraction odejmowanie

tangent tangens

divide by dzielić przez

total suma

unknown quantity niewiadoma

vector wektor

vinculum kreska ułamkowa

The scale is a reduction or enlargement of a picture. The scale tells us the degree of reduction of the figure in relation to the real size. For example, a drawing scale of 1 cm = 1 m means that 1 centimetre on the printed page represents 1 metre in the real world. In England and the U.S., the following units of measurement are used:

$$Scale = \frac{map\ length}{real\ length}$$

Skala określa zmniejszenie lub powiększenie obrazu. Pokazuje stopień zmniejszenia obiektu w stosunku do jego rzeczywistej wielkości. Na przykład: skala rysunku przyjmuje 1 cm = 1 m, co oznacza, że 1 cm na wydruku odpowiada 1 metrowi w świecie rzeczywistym. W Anglii i w Stanach Zjednoczonych do pomiarów są wykorzystywane podane niżej jednostki:

$$skala = \frac{długość\ na\ mapie}{długość\ w\ rzeczywistości}$$

JEDNOSTKA	W METRACH
SKALA METRYCZNA	
kilometr	1000
metr	1
decymetr	0,1
centymetr	0,01
milimetr	0,001
Miary anglosaskie	
cal (in)	0,0254
stopa (ft)	0,3048
jard (yd)	0,9144
mila (mi)	1609,31
liga	4827,93

SKALA METRYCZNA W PORÓWNANIU DO SKALI ANGLOSASKIEJ
METRIC SCALE IN COMPARISON TO THE IMPERIAL SCALE

SKALA METRYCZNA – METRIC SCALE	SKALA W CALACH – IMPERIAL SCALE
1:1	1:1 FULL SIZE
1:2	HALF SIZE
1:4	(3" = 1'–0") (three-inches-to-the-foot)
1:8	(1 1/2" = 1'–0") (one-and-one-half-inch-to-the-foot)
1:16	(3/4" = 1'–0") (three-quarters-inch-to-the-foot)
1:24	(1/2" = 1'–0") (one-half-inch-to-the-foot)
1:48	(1/4" = 1'–0") (one-quarter-inch-to-the-foot)
1:96	(1/8" = 1'–0") (one-eighth-inch-to-the-foot)

STANDARDOWE ROZMIARY ARKUSZY
STANDARD METRIC DRAWING SHEET SIZES

SHEET	METRIC SCALE, MM	IMPERIAL SCALE, INCHES
A4	297×210	(11.7"×8.3")
A3	420×297	(16.5"×11.7")
A2	594×420	(23.4"×16.5")
A1	841×594	(33.1"×23.4")
A0	1189×841	(46.8"×33.1")

SYMBOL	NAZWA I PRZELICZNIK
in (")	1 cal (1 inch) = 2,54 cm (3 barleycorns – 3 ziarna jęczmienia)
ft (')	1 stopa (foot) = 12 cali = 30,48 cm
yd	1 jard = 3 stopy = 36 cali = 0,9144 m
°F	1 stopień Fahrenheita = [°C]×1,8 + 32
°C	1°C = 33,8°F, 100°C = 212°F
sq ft	1 stopa kwadratowa (square foot) = 0,0929 m²

4.1. Słownictwo związane z matematyką
Maths vocabulary

PODSTAWOWE DZIAŁANIA MATEMATYCZNE
BASIC MATHEMATICAL OPERATIONS

Dodawanie ADDITION	$4 + 2 = 6$	four plus two makes six four plus two is six four plus two equals six
Odejmowanie SUBTRACTION	$8 - 3 = 5$	eight minus three makes five three subtracted from eight is five eight minus three equals five
Mnożenie MULTIPLICATION	$2 \times 6 = 12$	two times six makes twelve two multiplied by six is twelve
Dzielenie DIVISION	$10 \div 2 = 5$	two into ten makes five ten divided by two is five

4.2. Ułamki, procenty, potęgi – czytane w języku angielskim
Fractions, percents and powers read in English

45°	forty five degrees	54%	fifty four percent
60°	sixty degrees	6.7%	six point seven percent
90°	ninety degrees, right angle	2^2	two squared
1 foot	one foot	x^a	x to the power of a or x to the ath
1 cal	one inch	7^6	seven to the power of six, seven to the sixth
1 mm	one milimetre, one mil	$\sqrt{16}$	square root of sixteen
1 m	one metre	$\sqrt[3]{8}$	cube root of eight
5 m × 7 m	five by seven metres	2.76 m	two point seventy six metres
Ułamki dziesiętne – decimal fractions		Ułamki zwykłe – fractions	
1.5	one point five	½	a half
2.56	two point five six	¾	three quarters
0.004	four thousandths point zero zero four, point oh oh four, nought point zero zero four	¼	a quarter
0.75	zero (nought) point seventy five	2 ½	two and a half

4.141	four and one hundred forty one thousandths, four point one four one	5 ¼	five and a quarter
5^3	five cubed	¹⁄₁₀	one-tenth

ZADANIE 1.

Połącz w pary.
Match the pairs.

bracket ○   □ 2x + 3 = 5
five cubed ○   □ (...)
equation ○   □ ÷
one-tenth ○   □ 0.1
fraction ○   □ ???
division ○   □ 5^3
unknown quantity ○   □ 2x < 6
inequality ○   □ 1/8

ZADANIE 2.

Przelicz poniższe wartości.
Convert the following.

Przykład: 100°C = 100 x 1,8 + 32 = 212°F
Przykład: 8 cali = 8 × 2,54 cm = 20,32 cm
Przykład: 75°F = (5/9) × (75°F − 32) = 23,88°C
50°C = ...
4 stopy = ...cm
5 cali = ...cm
100°F = ...°C

ZADANIE 3.

Zapisz wartości słownie w języku angielskim.
Write the values in words in English.

0.769	
$\sqrt[3]{9}$	
5.987	
4	
1/⅕	
$\sqrt[2]{25}$	
750	

ZADANIE 4.

Wstaw odpowiednie symbole matematyczne (symbol + nazwa w języku angielskim).
Insert proper mathematical symbols (symbol + English name of the operation).

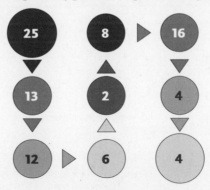

ZADANIE 5.

Uzupełnij tabelę.
Fill in the table.

scale	
	tangens
fraction	
	kreska ułamkowa
proportion	
	dzielenie
addition	

ZADANIE 6.

Rozpisz poniższe wartości po angielsku.
Write the following values in English.

1 and 1/4"		4"	
1/8"		21 ¼''	
4 ¾ ''		20 × 6	
100 ÷ 2		15 + 6	
340 – 45			

ZADANIE 7.

Przeczytaj zdania i wybierz prawidłowe słowa.
Read the sentences and choose the correct words.

- The kilogram and metre are **imperial / metric** units of measurements.
- The nail is about five **square foot / centimeters** long.
- The mile and yard are **metric / imperial** units of measurement.
- My house is 140 **square meters / cubic meters** in size.
- Yesterday the temperature was 33 **Celsius degrees / Fahrenheit degrees**.

5 Statyka budowli
Structural analysis

KEY WORDS – WAŻNE POJĘCIA

free-free beam, free-ends beam, freely supported beam belka swobodnie podparta

glued laminated beam belka z drewna klejonego

multi-span beam belka wieloprzęsłowa

multi-span frame rama wieloprzęsłowa

multi-storey frame rama wielokondygnacyjna

restrained end support podpora zamocowana, utwierdzona

shrinkage kurczenie się

single-span beam belka jednoprzęsłowa

single-span frame rama jednoprzęsłowa

stability stateczność

bending, flexion zginanie

buckling, flexure wyboczenie

cantilever beam belka wspornikowa

continuous beam belka ciągła

contraction skurcz

deflection ugięcie

deformation odkształcenie

double-span beam belka dwuprzęsłowa

expansion rozszerzanie się

fixed beam, constrained beam belka utwierdzona

free support podpora swobodna

statically determinate system układ statycznie wyznaczalny

statically indeterminate beam belka statycznie niewyznaczalna

statically indeterminate system układ statycznie niewyznaczalny

structural analysis statyka budowli

support podpora

swelling pęcznienie

three-hinged arch łuk trójprzegubowy

three-hinged frame rama trójprzegubowa

truss kratownica

Structural analysis is a part of mechanics. This kind of analysis includes influence of loads on the building, such as: steady, changing and exceptional loads. The structural analysis applies mathematics to calculate building structure deformations, support reaction, internal forces and the level of stresses and stability. Based on the results of structural analysis, we obtain information on whether the structure is safe to use.

Statyka budowli jest działem mechaniki. Ten rodzaj analizy obejmuje wpływ, jaki mają na budowle obciążenia stałe, zmienne i wyjątkowe. Statyka budowli polega na wyliczaniu deformacji struktury budynku, sił wewnętrznych, poziomu naprężeń oraz stabilności. Na podstawie wyników analizy można stwierdzić, czy konstrukcja jest bezpieczna dla użytkownika.

5.1. Przykłady elementów konstrukcyjnych
Examples of construction elements

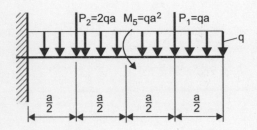

fixed beam

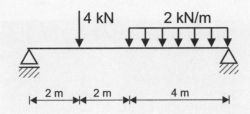

free-ends beam

multi-storey frame

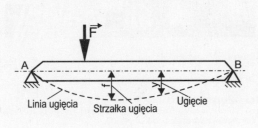

deflection

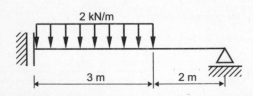

statically indeterminate beam

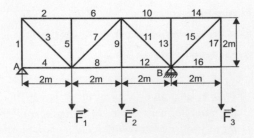

truss

5.2. Obciążenia
Loads

Loads are all physical actions that change the state of structural systems, cause stress and strain. In construction, loads can be classified taking into account various criteria:
- *time of occurrence (steady, changing, exceptional);*
- *interaction with a structure (volume – weight of concrete, surface – the mass of parquet on the floor, line – the weight of a partition wall, point – order post);*
- *a role they play in the calculation of static (characteristic load, design load);*
- *the way of dynamic application (static, dynamic),*

Obciążenia są to wszystkie działania fizyczne, które zmieniają stan układów konstrukcyjnych, powodują powstanie naprężeń i odkształceń. W budownictwie można dokonać klasyfikacji obciążeń ze względu na następujące kryteria:
- *czas działania (stałe, zmienne, wyjątkowe);*
- *sposób przyłożenia do konstrukcji (objętościowe – ciężar własny betonu, powierzchniowe – ciężar parkietu na podłodze, liniowe – ciężar ściany działowej, skupione – obciążenie słupem);*
- *rola, jaką pełnią w obliczeniach statycznych (charakterystyczne i obliczeniowe);*
- *sposób przyłożenia obciążeń (statyczne, dynamiczne).*

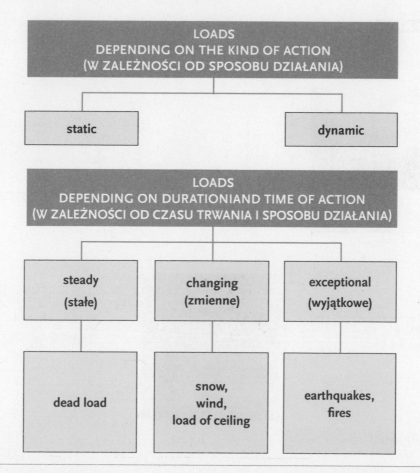

5.3. Rodzaje sił
Types of forces

In construction, we are dealing with different types of forces acting on structural elements. They can cause stress, deformations and influence internal forces. All construction materials are characterized by relevant properties. Materials may be strong or weak. For example, good quality steel is characterized on the basis of high tensile strength; well-designed concrete can be very strong in compression, masonry can carry large compressive forces. Selection of materials on the basis of their strength parameters is the task for the structural engineers who design buildings using two methods – the ultimate limit state and serviceability limit state.

W budownictwie mamy do czynienia z różnymi rodzajami sił, które działając na elementy konstrukcyjne, mogą wywoływać naprężenia, siły wewnętrzne czy odkształcenia. Wszystkie materiały budowlane cechują się określonymi właściwościami. Materiały mogą być mocne lub słabe, np. stal dobrego gatunku cechuje wysoka wytrzymałość na rozciąganie, dobrze zaprojektowany beton może być bardzo wytrzymały na ściskanie, konstrukcje murowe pozwalają przenosić duże siły ściskające. Dobór materiałów z uwzględnieniem ich parametrów wytrzymałościowych należy do zadań inżynierów budowlanych, którzy projektują budynki dwiema metodami – stanu granicznego nośności i stanu granicznego użytkowalności.

ZADANIE 1.

Jaki to rodzaj obciążenia. Napisz w języku angielskim.
What kind of load is this? Answer in English.

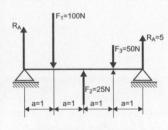

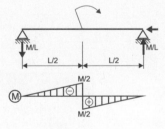

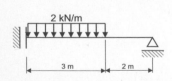

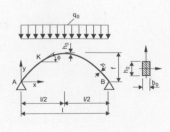

ZADANIE 2.

Połącz w pary.
Match the pairs.

1. free-ends beam   **2.** multi-storey frame   **3.** fixed beam
4. truss   **5.** three-hinged frame   **6.** multi-span beam

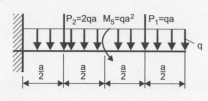

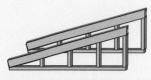

☐

☐

☐

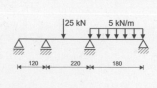

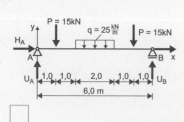

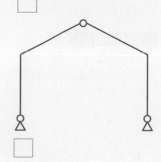

☐

☐

☐

ZADANIE 3.

Wybierz poprawną odpowiedź. Wpisz polskie tłumaczenie.
Select the correct answer. Write the Polish translation.

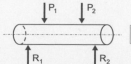 ☐ shear   ☐ tensile   ☐ moment   ☐ road

 ☐ tensile   ☐ house   ☐ twisting   ☐ usefull load

 ☐ compressive   ☐ bending   ☐ torsion   ☐ cottage

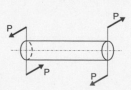 ☐ elastic moment   ☐ bending   ☐ shear   ☐ destruction

ZADANIE 4.

Wstaw brakujące słowa i przetłumacz je na język angielski.
Fill in the gaps and translate words into English.

**budynek wysoki • trzęsienie ziemi • obciążenie stałe • huragan •
drapacz chmur • obciążenia • śnieg • wiatr**

_____ and _____ for many years have been playing an increasingly important role in urban development. High-rise buildings are exposed to typical _____ such as _____, _____, _____, etc. When designing the utility, you should pay attention to the stiffness of the building and special loads, such as _____, or _____. In addition, a major challenge for the civil engineers is the wind pressure and the so-called fire (heat) load.

ZADANIE 5.

Wpisz odpowiednie słowo.
Fill in the gaps with the correct words.

parallel • span • support • truss

- The _____ is based on triangles, the shape that provides the most structural stability under compression.
- A floor _____ all furniture and people.
- A _____ is a section between two intermediate supports.
- The walls are _____ to one another.

ZADANIE 6.

Utwórz słowa w języku angielskim.
Unscramble the English words.

EDDA DOAL: _____

SEUULF DAOL: _____

SIONNTE: _____

SRFOC: _____

EAQUREKTH: _____

6

Klasyfikacja budynków
Types of buildings

KEY WORDS – WAŻNE POJĘCIA

airport lotnisko

basement, cellar piwnica

bridge most

building budynek

bungalow dom parterowy

castle zamek

chapel kapliczka

church kościół

cottage dworek wiejski

detached house dom wolnostojący

flat mieszkanie

fountain fontanna

public utility building budynek użyteczności publicznej

road droga

sandpit, sandbox piaskownica

school szkoła

skyscraper drapacz chmur

semi detached house dom bliźniak

stadium stadion

statue posąg

storey kondygnacja

studio flat kawalerka

swing huśtawka

terraced house dom szeregowy

townhouse kamienica

trash śmietnik

tunnel tunel

viaduct, overpass wiadukt

In the construction industry, we distinguish between objects called buildings, e.g engineering structures, and landscape facility structures. We can introduce different classifications of them, two of which are presented in the diagrams below.

W budownictwie rozróżnia się takie obiekty jak budowle np. obiekty inżynierskie, oraz obiekty małej architektury. Klasyfikacji budynków można dokonać na kilka sposobów. Dwa z nich ilustrują diagramy zamieszczone poniżej.

MIESZKALNE, PRZEMYSŁOWE, UŻYTECZNOŚCI PUBLICZNEJ

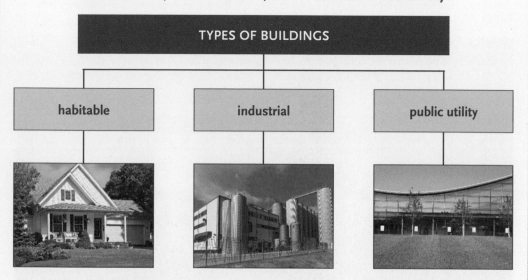

TYPES OF BUILDINGS

| habitable | industrial | public utility |

WOLNOSTOJĄCE, BLIŹNIAKI, SZEREGOWE / JEDNO-, DWU- I WIELOKONDYGNACYJNE/ NISKIE, ŚREDNIE, WYSOKIE / PODPIWNICZONE, NIEPODPIWNICZONE

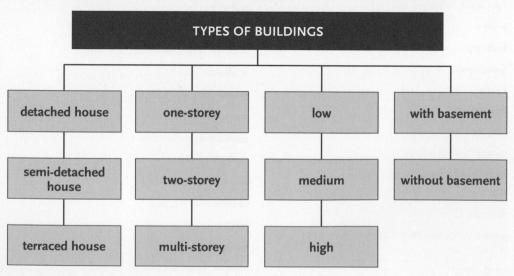

TYPES OF BUILDINGS

detached house	one-storey	low	with basement
semi-detached house	two-storey	medium	without basement
terraced house	multi-storey	high	

6.1. Budowle inżynierskie
Engineering structures

DROGI, MOSTY, TUNELE, LOTNISKA, WIADUKTY

| road | bridge | tunnel | airport | overpass |

OBIEKTY MAŁEJ ARCHITEKTURY – RELIGIJNE: KAPLICZKI / REKREACYJNE
– PIASKOWNICE, HUŚTAWKI / UTRZYMANIA CZYSTOŚCI – ŚMIETNIKI / OGRODOWE
– FONTANNY, ALTANKI

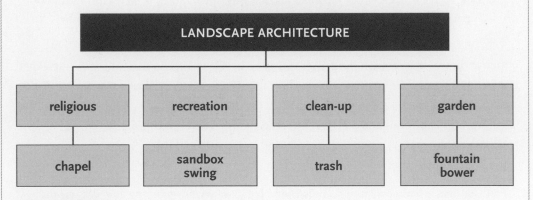

LANDSCAPE ARCHITECTURE

religious	recreation	clean-up	garden
chapel	sandbox swing	trash	fountain bower

ZADANIE 1.

Przydatne frazy. Przetłumacz na język polski
Translate the expressions into Polish.

to be at home	być w domu	move house	przeprowadzać się
go home		move in	
get home		move out	
leave the house		stay in	
feel homesick		stay out	

ZADANIE 2.

Połącz w pary.
Match the pairs.

cottage house ○   □ house for one family
skyscraper ○   □ a house with two units
detached house ○   □ a structure building over the water
terraced house ○   □ a location where airplanes take off and land
semi-detached house ○   □ a tall building with many storeys (Br. Eng)
bridge ○   □ it is a structure over a road or railway
sandpit, sandbox ○   □ e.g cinema, shopping centre
public utility building ○   □ a house that is one of a row of identical houses
overpass, viaduct ○   situated side by side
airport ○   □ a place with sand where children can play
                                   □ house in the village

ZADANIE 3.

Wstaw brakujące słowa w odpowiednie miejsca.
Fill in the missing words.

**brama – gate • dach – roof • dwukondygnacyjny – two-storey • elewacja – facade •
parter – ground floor • pierwsze piętro – first floor • piwnica – basement •
przedmieścia – suburb**

Charles' house is located in the _____. It is a _____ detached
house without a _____. The _____ has a kitchen, a dining
room, a living room, a toilet and a garage. On the _____ there are three
bedrooms, a bathroom and a closet (dressing room). The house has a _____ in
yellow, and the _____ is red. Windows, doors and the garage _____
are made of wood.

*Dom Charlesa znajduje się na przedmieściach. Jest to dwukondygnacyjny dom bez piwnicy. Na
parterze jest kuchnia, pokój dzienny, jadalnia, łazienka i garaż. Na pierwszym piętrze znajdują
się trzy sypialnie, łazienka i garderoba. Dom ma żółtą elewację i czerwony dach. Okna, drzwi
i brama garażu są wykonane z drewna.*

ZADANIE 4.

Wpisz w odpowiedniej formie czasowniki.
Fill in the gaps with appropriate forms of verbs.

Buildings _____(be) the most important part of every city. There we
_____ (live) with our families. We _____ (learn) in schools,
we _____ (work) in factories and offices and we _____
(shop) in shopping centres. Architects and construction engineers _____

(create) projects according to the relevant provisions and their vision. The buildings
_____ (form) from different building materials and have different shapes.

Budynki są najważniejszą częścią każdego miasta. W nich żyjemy z naszymi rodzinami.
Nasze dzieci uczęszczają do szkół, pracujemy w fabrykach, w biurach i robimy zakupy
w centrach handlowych. Architekt i inżynier budownictwa tworzą projekt budowlany
zgodnie z właściwymi przepisami i swoim upodobaniem. Budynki są wznoszone z różnych
materiałów budowlanych i mają różne kształty.

ZADANIE 5.

Wybierz poprawną odpowiedź.
Choose the correct answer.

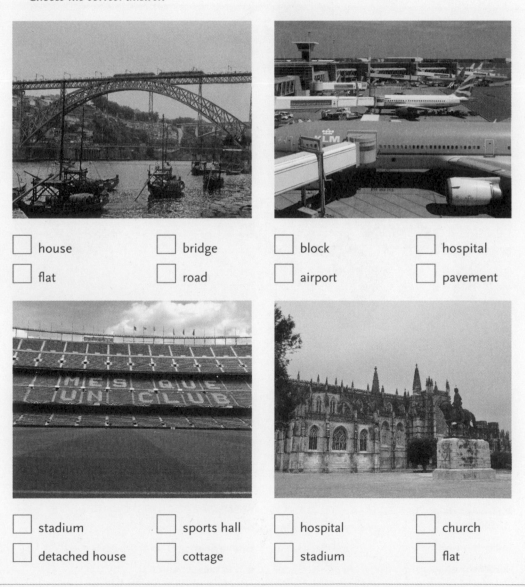

☐ house   ☐ bridge   ☐ block   ☐ hospital
☐ flat   ☐ road   ☐ airport   ☐ pavement

☐ stadium   ☐ sports hall   ☐ hospital   ☐ church
☐ detached house ☐ cottage   ☐ stadium   ☐ flat

7

Projekt i nazwy pomieszczeń
A project and names of rooms

KEY WORDS – WAŻNE POJĘCIA

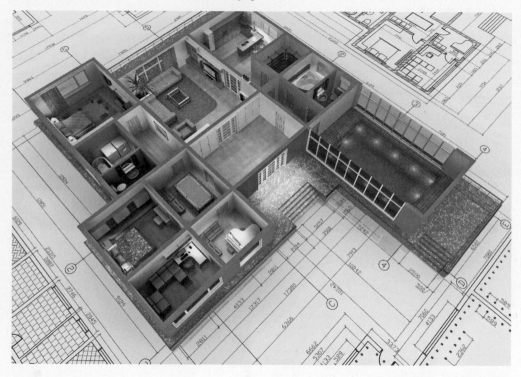

attic strych

baluster słupek balustrady

balustrade, railing balustrada

basement / cellar piwnica

bathroom łazienka

bedroom pokój sypialny

bifurcated stairs schody rozgałęzione, dwukierunkowe

boiler room kotłownia

cantilever stairs schody wspornikowe

cellar (basement) plan rzut piwnic

comfortable stairs wygodne schody

conceptual sketch szkic koncepcyjny

corridor korytarz

cross-section przekrój poprzeczny

curved stairs schody zakrzywione

design projekt

designing projektowanie

details drawings rysunki szczegółów

dining room jadalnia

dog-leg staircase schody z podestami piętrowymi

dog-legged stairs, double-flight stairs schody dwubiegowe proste

drawing rysunek

dressing room garderoba

east elevation elewacja wschodnia

escalator, moving stairway schody ruchome

exterior stairs schody zewnętrzne

fire-escape stairs schody awaryjne

fireplace kominek

first floor plan rzut pierwszego piętra

flight of stairs, flight bieg schodów

floor plan rzut kondygnacji

foot-pace, platform, landing podest

frontage, front facade elewacja frontowa

going, run szerokość stopnia

garage garaż

garden ogród

ground floor plan rzut parteru

guest room pokój gościnny

hallway przedpokój

hand rail poręcz

headroom, clearance prześwit (wolna przestrzeń nad głową)

interior stairs schody wewnętrzne

kitchen kuchnia

ladder drabina

landing płyta spocznikowa

landing, platform spocznik

laundry pralnia

layout, location plan plan sytuacyjny

lift, elevator winda

living room pokój dzienny

longitudinal section przekrój podłużny

newel, newel post słupek poręczy schodów

north elevation elewacja północna

nosing, nose nosek, nadwieszenie

nursery pokój dziecka

pantry spiżarnia

pitch of stairs kąt pochylenia schodów

plan, floor projection rzut poziomy

porch ganek, przedsionek

preliminary design projekt wstępny

quarter landing staircase schody zabiegowe łamane

ramp, platform rampa

rise wysokość stopnia

riser przednóżek

room pokój

shower prysznic

site supervision nadzór autorski

sketch szkic

slope pitch pochylenie schodów

south elevation elewacja południowa

spiral stairs, winding stairs, spiral staircase schody kręte (kręcone)

staircase klatka schodowa

staircase, stair enclosure, stairwell, stairway klatka schodowa

stairs schody

stairwell dusza schodów

step stopień

store magazyn sprzętu

straight flight stairs, straight run schody jednobiegowe

structural drawings rysunki konstrukcyjne

study gabinet

terrace taras

toilet, WC toaleta

tread, going podnóżek

utility room pomieszczenie gospodarcze

waist slab płyta biegu

wardrobe garderoba

west elevation elewacja zachodnia

workshop warsztat domowy

Each architectural project of a building consists of a drawing and computing. Some drawings include:
- *a basement (cellar) plan, ground floor plan, floor plans;*
- *a foundations plan;*
- *a roof plan;*
- *a ceiling construction plan;*
- *a cross-section;*
- *a longitudinal section;*
- *elevations;*
- *a layout, a location plan;*
- *details drawings;*
- *structural drawings.*

In every habitable building there are rooms for various purposes. Their location and functions are designed by an architect. They follow the legal guidelines, which are included in construction law and sometimes cultural rules, such as feng shui.

Każdy projekt architektoniczno-budowlany składa się z części rysunkowej i obliczeniowej. Część rysunkowa obejmuje:
- *rzut piwnic, parteru, piętra;*
- *rzut fundamentów;*
- *rzut dachu;*
- *rzut konstrukcji stropów;*
- *przekrój poprzeczny;*
- *elewacje;*
- *plan sytuacyjny;*
- *detale;*
- *rysunki konstrukcyjne.*

W każdym budynku mieszkalnym znajdują się pomieszczenia o różnym przeznaczeniu, ich usytuowanie oraz funkcję projektuje architekt. Kieruje się wytycznymi prawnymi, które są zawarte w prawie budowlanym, oraz czasami zasadami kulturowymi, np. feng shui.

FENG SHUI TIPS FOR THE BEDROOM

A well-designed feng shui bedroom is a bedroom that promotes a sensual energy and harmonious flow of nourishing. This kind of bedroom invites you and calms at the same time. A good feng shui bedroom is relaxing and pleasurable to be in, both when you are there for a quick nap, or a good night sleep. To create a good feng shui bedroom, you can use a variety of simple, practical feng shui tools, such as the basic feng shui tips below.

1. *Open the windows often or use a good quality air purifier.*
2. *Let go of the TV, computer or exercise equipment in your bedroom.*
3. *Have several types of lighting in your bedroom.*
4. *Use soothing colours to achieve a good feng shui balance in your bedroom.*
5. *Choose the images for your bedroom wisely, as images carry powerful feng shui energy.*
6. *Follow the basic feng shui guidelines for your bed, which are: have your bed easily approachable from both sides, have two bedside tables (one on each side) and avoid having the bed in a direct line with the door.*
7. *Keep all the bedroom doors closed at night, be it the closet doors, the en-suite bathroom door or the bedroom door.*

WSKAZÓWKI FENG SHUI PRZY URZĄDZANIU SYPIALNI

Sypialnia zaprojektowana według zasad feng shui promuje zmysłową energię i harmonijny przepływ powietrza. Taki pokój zaprasza i uspokaja jednocześnie. Sypialnia urządzona zgodnie z zasadami feng shui zapewnia relaks i przyjemność zarówno w czasie krótkiej drzemki, jak i podczas nocnego snu. Aby stworzyć sypialnię zgodnie z zasadami feng shui, można skorzystać z prostych, praktycznych wskazówek, takich jak te wymienione poniżej.

1. *Często otwierać okna lub korzystać z dobrej jakości odświeżacza powietrza.*
2. *Nie używać w sypialni sprzętu TV, komputera i narzędzi do ćwiczeń.*
3. *Używać kilku rodzajów oświetlenia.*
4. *Stosować kojące kolory, aby osiągnąć w sypialni równowagę feng shui.*
5. *Starannie wybrać obrazy, które wprowadzą pozytywną energię.*
6. *Przestrzegać podstawowych wytycznych feng shui w kwestii ustawienia łóżka, np: ma być do niego wygodny dostęp z obu stron, mają być przy nim dwa stoliki nocne (po jednym z każdej strony) i nie może być ono ustawione w bezpośredniej linii z drzwiami.*
7. *Wszystkie drzwi w sypialni (również te od szaf i łazienki) muszą być w nocy zamknięte.*

FLOOR PLAN

A floor plan is a scale architectural drawing showing details of a single floor as seen from above. A floor plan may include the locations of walls, windows, doors and heating, cooling facilities, plumbing, electric lines and equipment. All elements are often drawn to scale. When shopping for house plans or building plans, you may study the floor plans to see how rooms are arranged. However, a floor plan is not a blueprint or a construction plan. To build a house, you need a complete set of construction plans that will include floor plans, cross-section drawings, electrical plans, elevation drawings, and many other types of diagrams. Every floor plan must specify the external and internal dimension of the building. The function of every room should be listed.

RZUT KONDYGNACJI

Rzut kondygnacji to wykonany w pewnej skali rysunek przedstawiający szczegółowo jedną kondygnację w widoku z góry. Rzut może obejmować rozmieszczenie ścian, okien, drzwi oraz instalacji grzewczych, chłodniczych, sanitarnych, elektrycznych i innych. Wszystkie elementy są wyrysowane w skali. Zanim kupi się projekt lub plany budowlane, można przestudiować rzuty i sprawdzić, jak będą rozmieszczone pokoje. Jednak rzut kondygnacji nie jest rysunkiem konstrukcyjnym. Aby zbudować dom, trzeba mieć pełny zestaw planów (rysunków) konstrukcyjnych, który zawiera rzuty kondygnacji, przekrój budynku, rysunki instalacji elektrycznych, elewacji i wiele innych. Na każdym rzucie muszą być podane wymiary zewnętrzne i wewnętrzne budynku. Powinna też być określona funkcja każdego pomieszczenia.

TYPES OF LINES

————————————	Object line
—·——·——·——·——·——·	Centreline
←————————————→	Dimension line
- - - - - - - - - - - - - -	Hidden line
————————————	Leader line

Object line – a line used to define the shape and size of a part feature. Object lines are solid.
Centreline shows the centre axis of an object with long and short dashes.
Dimension line – a line in a drawing pointing to another line or part to which the dimensions relate. A line in a drawing that shows the size such as width, length etc. of the object.
Hidden line – a line used to define a part feature that is not visible in a specific view. Hidden lines consist of a series of short dashes.
Leader line – a thin line with an arrow head that is often positioned at an angle and is used to tie a dimension to a feature, especially when there are space limitations.

RODZAJE LINII

Gruba linia ciągła – służy do określenia kształtu i wielkości poszczególnych obiektów.
Linia osiowa – cienka, przerywana linia z kropek i kresek, stosowana do zaznaczenia osi obiektu.
Linia wymiarowa – określa wymiar poszczególnych elementów lub części. Linia na rysunku, który pokazuje wymiary obiektu, takie jak szerokość i długość.
Linia przerywana – służy do zaznaczenia elementów, które nie są widoczne w danym widoku. Składa się z serii krótkich kresek.
Linia odniesienia – cienka linia ze strzałką, często umieszczona pod kątem; służy do wymiarowania elementów o nietypowych wymiarach (np. łuku).

7.1. Schody
Stairs

Floors situated at different levels are connected for communication by the followings methods: ladders, stairs, lifts, escalators and ramps. Depending on what kind of home we choose, often an essential element of the building are the stairs. Stairs – a series of steps or flights of steps for passing from one level to another.

Materials used for the construction of staircases are: steel, timber, bricks, stones, PCC (precast concrete) and RCC (reinforced cement concrete). The selection of materials for construction depends on several things:

* the kind of foundation,
* aesthetics,
* availability of materials,
* the kind of building,
* fire resistance quality required.

Available space is key to determining stairs shape. In building construction, there are many types of stairs:

* straight run (straight stairs),
* L-shaped stairs,
* U-shaped stairs,
* spiral stairs,
* curved stairs,
* bifurcated stairs.

Do przemieszczania się między kondygnacjami usytuowanymi na różnych poziomach służą m.in: drabiny, schody, windy, schody ruchome i rampy. Niezależnie od tego, jaki projekt domu wybierzemy, często niezbędnym elementem budynku są schody. Schody to ciąg stopni lub biegów schodowych, który służy do przechodzenia z jednego poziomu na drugi.

Materiałami używanymi do budowy schodów są m.in. stal, drewno, cegła, kamienie, beton (beton prefabrykowany) i żelbet. Wybór materiałów do budowy zależy od kilku rzeczy:

* rodzaju fundamentu,
* estetyki,
* dostępności materiałów,
* rodzaju budynku,
* wymagań odporności ogniowej.

Dostępna przestrzeń determinuje kształt schodów. W budownictwie jest wiele rodzajów schodów:

* schody proste,
* schody w kształcie litery L,
* schody w kształcie litery U,
* schody spiralne,
* schody zakrzywione,
* schody rozwidlone.

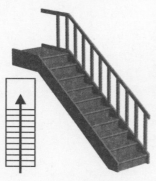

straight stairs

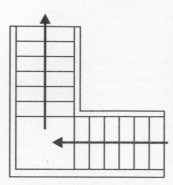

L-shaped staircase

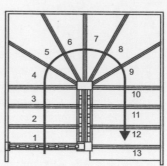

U-shaped staircase

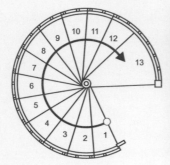

spiral stairs

bifurcated stairs

curved stairs

BASIC STAIR PARTS

1. Baluster
2. Newel post
3. Handrail
4. Tread, step, going
5. Riser
6. Nose

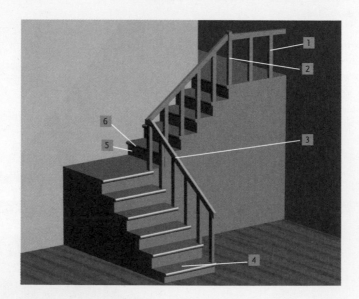

*Staircase (stairway, stairwell) – opening in the floor to provide headroom for stairs
(a vertical shaft or opening that contains a staircase).*
Stair run (flight of stairs) – a stairway (set of steps) between one floor or landing and the next.
Baluster – the vertical element that holds up the handrail.
Newel post – the support system of the balustrade.
Handrail – element of the staircase, designed to support your hand.
Tread – the horizontal part of stairs or step (horizontal walking surface of a stair).
Riser – the vertical part of a step.
Nose – the front edge of a stair's tread.
Landing (platform) – an intermediate platform on a flight of stairs.
Headroom – the clear space between the floor line and ceiling.

*Klatka schodowa – przestrzeń, w której mieszczą się schody (pionowy szyb lub otwarta przestrzeń,
która zawiera klatkę schodową).*
Bieg schodów – schody między jednym piętrem (albo spocznikiem) i następnym piętrem.
Tralka – pionowy element podpierający poręcz.
Słupek poręczy schodów (słupek środkowy) – podparcie balustrady.
Poręcz – element schodów, przeznaczony do chwycenia się ręką.
Podnóżek – pozioma część stopnia.
Przednóżek – pionowa część stopnia.
Nosek – przednia krawędź schodów (może być obła).
Spocznik (podest) – płyta między biegami schodów będąca miejscem na odpoczynek.
Wysokość klatki schodowej – wolna przestrzeń między linią podłogi i sufitu.

ZADANIE 1.

Przetłumacz nazwy schodów na język polski.
Translate the names of stairs into Polish.

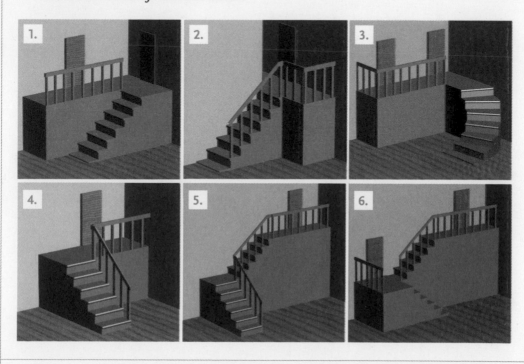

1. straight staircases

   _____

2. straight staircases

   _____

3. spiral staircase

   _____

4. curved staircase with a fan

   _____

5. curved staircase with a quarter landing

   _____

6. curved staircase with a half landing

   _____

ZADANIE 2.

Dopasuj przymiotniki o przeciwnych znaczeniach.
Match opposite adjectives.

good ○   □ dark
low ○   □ dirty
bright ○   □ hard
short ○   □ long
clean ○   □ strong
straight ○   □ high
soft ○   □ crooked
weak ○   □ bad

ZADANIE 3.

Wymień pomieszczenia znajdujące się w twoim domu / mieszkaniu.
List the rooms in your house / apartment.

_____
_____
_____
_____
_____
_____
_____
_____

ZADANIE 4.

Wpisz po angielsku nazwy pomieszczeń pokazanych na rysunkach ze strony 55.
Name the rooms presented on the page 55 in English.

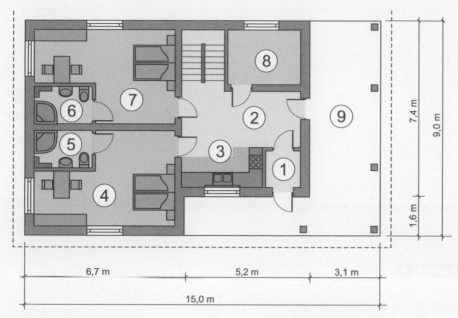

GROUND FLOOR PLAN

1. _____
2. _____
3. _____
4. _____
5. _____
6. _____
7. _____
8. _____
9. _____

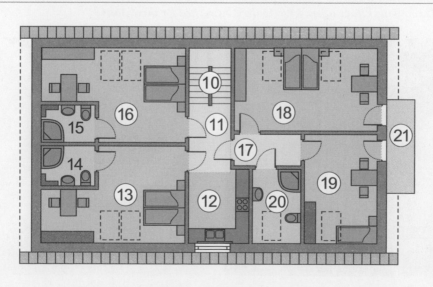

FIRST FLOOR PLAN

10. _____
11. _____
12. _____
13. _____
14. _____
15. _____
16. _____
17. _____
18. _____
19. _____
20. _____
21. _____

ZADANIE 5.

Połącz słowa z definicjami.
Match the words with the definitions.

depth ○   □ the distance from the base of something to the top, how tall
         something is.

length ○   □ the longer or longest dimension of an object, how long something is.

height ○   □ the measurement of the extent of something from side to side, how
         wide something is.

width ○   □ the extent, measurement, or dimension downward, how deep
         something is.

ZADANIE 6.

Oferta handlowa firmy ABC. Z jakich materiałów są wykonywane schody?
ABC company's trade offer. What material was used for these stairs?

SPIRAL STAIRCASE

With a creative staircase design, ABC is success was to devise an artistic spiral staircase for a modern spiral staircase design. There is a combination of:

- *wooden spiral staircase*
- *metal spiral staircase and*
- *glass spiral staircase*

Our company will see to the artistic spiral staircase design with a unique and modern form. The modern spiral staircase design, which is a combination of a spiral staircase, looks glorious and is suitable for every building. The creative artistic spiral staircase design could be seen as a luxury interior for your indoor space. It is a really amazing and unique staircase design. Wood spiral staircase, which also combines metal and glass elements, offers the glamour and glorious spiral staircase design for modern spiral staircase.

SCHODY SPIRALNE

_____
_____
_____
_____
_____
_____
_____
_____
_____
_____
_____

ZADANIE 7.

Który dom jest odpowiedni dla rodziny z trojgiem dzieci?
Which type of house is best for a family with three children?

A	B	C
280 m², two-storey detached house two car garage 3 bathrooms master bedroom, plus 3 bedrooms huge living room and kitchen utility room big garden with swimming pool	86 m², apartment 1 bathroom 1 bedroom spacious living room and kitchen balcony	100 m², semi-detached house one car garage 1 bathroom 2 bedrooms living room and kitchen garden
☐	☐	☐

8 Roboty budowlane
Construction works

KEY WORDS – WAŻNE POJĘCIA

alteration modyfikacja

anti-icer środek przeciwoblodzeniowy

assembly, mounting, erection, rigging montaż

bricklaying murowanie

building alteration przebudowa budynku

building work roboty budowlane

carpentry roboty ciesielskie

concrete work roboty betonowe

consolidation of concrete zagęszczanie betonu

construction and erection work roboty budowlano-montażowe

construction works acceptance, inspection of building work odbiór robót budowlanych

construction works commissioning odbiór prac

corrosion protection works roboty antykorozyjne

curing of concrete pielęgnowanie betonu

de-icer odmrażacz

demolition work roboty rozbiórkowe

demolition work, demolition rozbiórka, wyburzenie

destroy zniszczyć

device the building site urządzanie placu budowy

digging kopanie, wykopywanie

dimensioning of structures wymiarowanie konstrukcji

drilling work roboty wiertnicze

earth work roboty ziemne

electrical system, electrical work instalacje elektryczne

erection by crane montaż przy użyciu dźwigów

erection from transport vehicles montaż z kół

erection of walls, raising walls, building walls wznoszenie ścian

erections of building structures montaż konstrukcji budowlanych

extension, development, expansion rozbudowa

finishing work roboty wykończeniowe

formwork, shuttering work roboty szalunkowe

glazing work roboty szklarskie

hydrotechnical works roboty hydrotechniczne

insulation work roboty izolacyjne

joinery roboty stolarskie

locksmith work roboty ślusarskie

maintenance work roboty konserwatorskie

melting snow topniejący śnieg

modernization modenizacja

parquet work roboty posadzkarskie

plaster work, rendering work roboty tynkarskie

plowing odśnieżać, zgarniać śnieg

plumbing work instalacje sanitarne

preparatory work roboty przygotowawcze

public work roboty publiczne

reconstruction, rebuilding, redevelopment przebudowa

repair naprawa

repair and construction work roboty remontowo-budowlane

repair, renovation, refit, overhaul remont

road work roboty drogowe

roofwork roboty dekarskie

sanding posypywanie piaskiem

sanitary engineering work roboty sanitarne

sheet-metal work roboty blacharskie

site assembly montaż na budowie

snowplow pług śnieżny

soil compaction zagęszczanie gruntu

steel fixing work roboty zbrojarskie

stonework roboty kamieniarskie

stucco work roboty sztukatorskie

thermal insulation work wykonywanie izolacji termicznych

thermomodernization, thermal efficiency improvement termomodernizajca

thicken, condense, concentrate zagęszczać

tiling work układanie płytek okładzinowych

traffic conditions warunki drogowe

underground work roboty podziemne

wallpapering work tapetowanie

water proofing work wykonywanie izolacji przeciwwodnej

welding work roboty spawalnicze

winter bricklaying murowanie w warunkach zimowych

winter maintenance service on roads usługa zimowego utrzymania na drogach

work at heights prace na wysokościach

wrecking wyburzanie, rozbijanie, niszczenie, demolowanie

According to the Building Code (Building Law), building works mean building, as well as reconstruction, assembly, repair or demolition of a building. At the time of building erection, there should be separate works which are associated with excavation, earthworks, foundation, erection of walls, laying floors, laying of reinforcement, carpentry and roofing work, finishing work and installations. Definitions of basic works are given below:

- *Demolition is an act or process of destroying or wrecking, especially by explosives. It means completely destroying a building, especially in order to use the land for something else.*
- *Extension – a new part added to a house or other building, or an addition that increases the area.*
- *Modernization – making modern in appearance, style or character; updating, making something more modern.*
- *Repair – to restore (something damaged or broken) to a good condition or working order.*

W myśl prawa budowlanego pracami budowlanymi jest nie tylko budowanie, lecz również rekonstrukcja, montaż, remont lub rozbiórka budynku. W czasie budowy powinien nastąpić podział prac na te, które związane są z wykonaniem wykopów, roboty ziemne, roboty fundamentowe, wznoszenie ścian, układaniu stropów i podłóg, układanie zbrojenia, montaż stolarki i pokrycia dachowego, roboty wykończeniowe i montaż instalacji. Definicje podstawowych prac podane są poniżej.

- *Wyburzenie (rozbiórka) to akt lub proces zniszczenia (demontażu) budynku, zwłaszcza przy użyciu materiałów wybuchowych. Oznacza to całkowite zniszczenie budowli, na ogół w celu preznaczeniu gruntu na inne cele.*
- *Rozbudowa – dobudowanie nowej części domu lub innego obiektu, co zwiększa jego powierzchnię.*
- *Modernizacja – nadawanie budynkowi nowoczesnego wyglądu, stylu i charakteru; prace mające sprawić, że będzie on bardziej nowoczesny.*
- *Naprawa – przywracanie do stanu używalności.*

ZADANIE 1.

Dopasuj opis do robót.
Match the descriptions with the building works.

1. When you work on a high rise building	work at heights
2. Lay a roof tile	
3. If you want to have heat comfort at home, you must have...	
4. To do this you can use many colours	
5. When you start building a house, you must do an excavation...	
6. When you install a tap in the bathroom	

ZADANIE 2.

Jakie rodzaj robót przedstawia rysunek? Napisz w języku angielskim.
What kind of works are presented in the pistures? Write in English.

ZADANIE 3.

Opisz po polsku zakres prac firmy budowlanej XYZ.
What kind of services does the XYZ company provide? Write in Polish.

Since 1956, XYZ Construction Company has been providing construction services such as: construction of single-family and multi-family houses and other buildings, including in particular: excavation, foundations, bricklaying, ceilings, carpentry, roof and finishing works. We also work with a range of installations: water, sewage, electrical, heating and ventilation. On the construction site we provide the necessary equipment to perform all construction and installation works. We have many years of experience and our company employs only skilled workers. We strive to keep abreast of the trends of modern architecture and to treat customers individually. We are committed to fulfilling the dream of a beautiful house investor.

ZADANIE 4.

Połącz w pary.
Match the pairs.

erection of ○   □ concreting
work at ○   □ compaction
soil ○   □ crane
dimensioning of ○   □ site
road ○   □ work
device building ○   □ structure
winter ○   □ walls
erection by ○   □ heights

ZADANIE 5.

Przeczytaj tekst i wstaw brakujące słowa.
Read the text and fill in the gaps.

WINTER MAINTENANCE PRACTICES ON THE ROADS

The main priority of our winter maintenance service is to make our roads safe for your use. We also aim to minimize the _____ (ekonomiczny) impact of winter weather. In other words, it is our aim to keep passable _____ (drogi), whatever the weather! ABC winter maintenance practices include using _____ (pługi), _____ (piasek), and applying winter anti-icing liquids. The combination of practices used at each site may vary and take account of the different _____ (klimat) and _____ (warunki drogowe). ABC's goal is to provide safe roadways. However, it is always up to the motorist to drive according to the current conditions. ABC maintenance practices include:

- _____ (odśnieżanie): using a _____ (pług śnieżny) and other equipment to remove snow and ice from bridges and roads.
- _____ (posypywanie piaskiem): applying material specified for each area, (includes various sizes of _____ (żwir), on highways to improve vehicle traction.
- Winter liquid products are used in several ways: to _____ (stopić śnieg) and ice on the road surface – used as a _____ (odmrażacz) and to help prevent snow and ice from sticking to the road surface – used as an _____ (środek przeciw oblodzeniowy)

ZADANIE 6.

Wstaw odpowiednie słowa.
Choose the right word.

BUILDING CONSTRUCTION

A construction worker is a general term for someone who works on a construction _____ (**sight / site**). Many of these jobs require a lot of _____

(**physical / physician**) labour. A construction worker, depending on the skills he/she
_____ (**promise / possesses**) can be involved in any step of the construction
_____ (**plan / process**). Construction workers can help build both residential and _____ (**commercial / advertising**) buildings. Most of the time, the workers are _____ (**overlooked / overseen**) by a foreman, who makes sure that things are done _____ (**properly / proper**). Construction work can be _____ (**exhausting / existing**), so one has to be in good physical _____ (**shape / mood**) to be able to handle this type of work. Although some construction jobs require formal training, a lot of more _____ (**manual / tough**) jobs do not.

ZADANIE 7.

Uzupełnij tabelę.
Fill in the table.

device the building site	
	roboty parkieciarskie
plumbing work	
	termomodernizacja
construction and erection work	
	rozbiórka

9   Maszyny budowlane
Building machines

KEY WORDS – WAŻNE POJĘCIA

boom crane żuraw wysięgnikowy

boom, jib, outrigger wysięgnik, ramię

breaker roll, grinding roll walec kruszący

bucket czerpak, łyżka

bucket ladder excavation, dredger excavator koparka wielonaczyniowa

building crane żuraw budowlany

building machinery maszyny budowlane

bulldozer, dozer spycharka, spychacz

cantilever crane żuraw wspornikowy

car jack podnośnik samochodowy

charger, loader ładowarka

chassis podwozie

concrete mixer betoniarka

conveyor przenośnik

crane jib, boom, gibbet wysięgnik żurawia

crane żuraw

crawler tractor ciągnik gąsienicowy

current generator prądnica

dragline excavator koparka zbierakowa

dredger pogłębiarka

drum bęben

drum trailer przyczepa-wywrotka

end tipper wywrotka wsteczna

excavator koparka

excavator-bulldozer koparko-spycharka

fixed crane, stationary crane żuraw stały

front casting bulldozer gąsienicowa spycharka czołowa

grab, grabbing bucket chwytak

grab crane żuraw chwytakowy

grader równiarka

hoist podnośnik, wciągnik

hydraulic bulldozer spycharka hydrauliczna

lifting tackle wciągnik wielokrążkowy

lorry-mounted crane, track crane, automobile crane żuraw samochodowy

low-loading trailer przyczepa niskopodwoziowa

material handling magazynowanie

mobile crane żuraw samojezdny

motor truck, truck, lorry samochód ciężarowy

multi bucket excavator koparka wieloczerpakowa

overhead trolley wózek podwieszony do suwnicy

pile driver kafar do wbijania pali

pneumatic-tyred roller walec ogumiony

portal crane, gantry crane żuraw bramowy

power grader, maintainer równiarka samozbieżna, samojezdna

power navvy koparka łyżkowa

power pull shovel, backhoe koparka łyżkowa podsiębierna

power push shovel koparka łyżkowa przedsiębierna

power shovel, mechanical shovel, single-bucket excavator koparka jednonaczyniowa

pull shovel, drag shovel, hoe shovel, backdigger, backacter koparka przedsiębierna

pump pompa

reinforcement bar bender giętarka do prętów zbrojeniowych

road ripper zrywarka nawierzchni

road roller walec drogowy

road trolley wózek

saddle jib crane żuraw wysięgnikowy z wózkiem

scarifier, ripper zrywarka

scraper bucket zgarniak

scraper, carryall zgarniarka

self dumping trailer przyczepa samowyładowcza

self-climbig crane, self-mounting crane żuraw samowznoszący

self-loading truck samochód samozaładowczy

shovel lemiesz, szufla

slope grader równiarka do skarpowania

splitting excavator koparka chwytakowa

swing jib crane żuraw z wysięgnikiem odchylonym

swing jib crane, slewing crane żuraw obrotowy

thickener, compactor zagęszczarka

three-way tipper wywrotka trójstronna

tipper truck, dump truck samochód wywrotka

tower crane żuraw wieżowy

track chain gąsienica

track mobile crane żuraw gąsienicowy

trailer przyczepa

truck concrete mixer samochodowa mieszarka betonu (gruszka)

truck crane dźwig samochodowy

truck mounted crane hydrauliczny dźwig samochodowy (HDS)

two-way tipper wywrotka obustronna

vehicle pojazd

walking crane żuraw przyścienny

walking dragline, walking excavator koparka krocząca

wheel excavator koparka kołowa

wheel tractor ciągnik kołowy

Building machines are devices which are used for various types of construction: construction of houses and skyscrapers, construction of highways, bridges, tanks, towers, etc. Basically, construction equipment can be divided into equipment used for:
- earth works (wheel loaders) and for compacting soil (e.g. compactors),
- road works (rollers),
- the so-called handling transport (conveyors),
- road transport (trucks, tractors),
- high transport (cranes),
- processing
- aggregates (crushers, mills),
- production and transportation of concrete (concrete mixers, vibrators),
- steel fixing works (benders),
- finishing works,
- and auxiliary equipment (units, pumps).

Maszyny budowlane są urządzeniami stosowanymi na różnego rodzaju budowach: przy wznoszeniu domów jednorodzinnych i wieżowców, budowie autostrad, mostów, zbiorników, wież itp. Zasadniczo możemy je podzielić na maszyny budowlane do:
- robót ziemnych (koparka, ładowarka) i do zagęszczania gruntu (np. zagęszczarki),
- robót drogowych (walce),
- transportu bliskiego (przenośniki, ładowarki przenośnikowe),
- transportu samochodowego (samochody ciężarowe, ciągniki),
- transportu wysokiego (żurawie),
- przeróbki kruszyw (kruszarki, młyny),
- produkcji i transportu masy betonowej (betoniarki, wibratory),
- robót zbrojarskich (giętarki),
- robót wykończeniowych,
- pomocy (agregaty, pompy).

TYPES OF EXCAVATORS

For earth work excavators are commonly used. Excavators are used in many ways, among other for:

- *material handling;*
- *digging of trenches, holes, foundations;*
- *demolition;*
- *forestry work;*
- *river dredging;*
- *landscaping;*
- *heavy lifting;*
- *mining.*

Excavators can be mounted on trucks or tractors, or on a chassis: track chains, wheels.

Depending on how they work, the following excavator types can be distinguished:

- *cyclic operation – single bucket excavator: bucket (power pull shovel and power push shovel), splitting excavator, dragline excavator;*
- *continuous flow excavator – multi-bucket excavators also called chain excavators, are mainly used for mining works.*

TYPY KOPAREK

Do robót ziemnych w budownictwie powszechnie używa się koparek. Wykorzystuje się je na wiele sposobów:

- *do transportu materiałów;*
- *do kopania rowów i dziur oraz fundamentowania;*
- *do rozbiórki;*
- *do prac leśnych;*
- *do pogłębiania rzek;*
- *do robót związanych z architekturą krajobrazu;*
- *do podnoszenia ciężarów;*
- *do prac w kopalniach.*

Koparki mogą być montowane na samochodach ciężarowych, ciągnikach lub na podwoziach, np. na gąsienicach lub kołach. W zależności od sposobu pracy można wyróżnić koparki:

- *do pracy cyklicznej – jednoczerpakowe: łyżkowe (podsiębierne i przedsiębierne), chwytakowe, zbierakowe;*
- *do pracy ciągłej – wieloczerpakowe, zwane łańcuchowymi; stosuje się je głównie do robót wydobywczych, np. w kopalniach.*

pull shovel excavator

multi-bucket excavator

splitting excavator

power shovel excavator

PARTS OF A HYDRAULIC EXCAVATOR

1. Siłownik napędu ramienia
   Arm's drive actuator
2. Ramię
   Arm
3. Siłownik napędu łyżki
   Bucket's drive actuator
4. Łyżka
   Bucket
5. Siłownik napędu wysięgnika
   Boom's drive actuator
6. Podwozie
   Undercarriage
7. Przeciwwaga
   Counterweight
8. Wysięgnik
   Boom

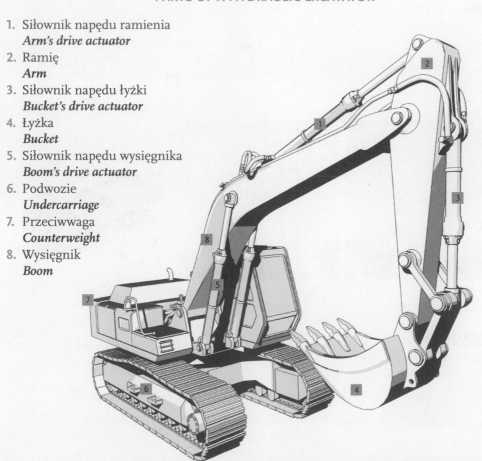

TYPES OF CRANES

Mobile cranes – a mobile crane is the simplest type of crane, which is a large steel tower mounted on a simple movable platform such as a rail. It is impossible to lift very heavy objects by using mobile cranes.

Tower cranes – tower cranes are fixed to the ground and they are huge. These cranes can lift super heavy objects very high. Therefore they are used in extremely tall buildings and the construction of sky scrapers.

Truck mounted cranes – the crane is operated by the driver sitting in the truck. Truck mounted cranes are mounted on a large truck with rubber tyres. Truck mounted cranes are very mobile. The outriggers of the crane help it extending horizontally and vertically while lifting an object.

RODZAJE DŹWIGÓW

Żurawie samojezdne – najprostszy rodzaj dźwigu. Jest to duża, stalowa wieża zamontowana na platformie poruszającej się na szynach. Nie nadaje się do przenoszenia bardzo ciężkich przedmiotów.

Żurawie wieżowe – żurawie wieżowe są mocowane do podłoża i mają ogromne rozmiary. Te dźwigi mogą podnosić bardzo ciężkie przedmioty na duże wysokości. Dlatego są stosowane do wznoszenia wysokich budynków oraz drapaczy chmur.

Hydrauliczne dźwigi samochodowe (HDS) – taki żuraw obsługuje kierowca siedzący w kabinie ciężarówki. Dźwig jest zamontowany na dużym samochodzie z ogumionymi kołami. HDS-y charakteryzują się dużą mobilnością. Wysięgniki pozwalają zwiększać zasięg dźwigu zarówno w pionie, jak i w poziomie.

Mobile crane   Tower crane   Truck mounted crane

ZADANIE 1.

Wstaw brakujące słowa.
Insert the missing words.

In _____ (roboty budowlane), we find the most multi-purpose machines such as _____ (spycharki), scrapers, _____ (koparki), and graders. A universal machine for earth work is the bulldozer, used for: breakout, moving and paving of land and cleaning areas with shrubs and tree trunks. Bulldozers can be mounted on a _____ (podwozie) of conventional _____ (traktor, ciągnik) or a tracked chassis. A bulldozer has a _____ (lemiesz) on the front.

In the _____ (budownictwo drogowe) _____are commonly used (walec drogowy). Sometimes they are called a roller-compactors or just rollers, and they are a compactor engineering vehicle used to compact soil, _____ (żwir), _____ (beton) or _____ (asflat) in the construction of roads and foundations.

A concrete truck mixer

A _____ (betonowóz, gruszka) or the so called concrete transport truck mixer are used to transport and mix concrete from a factory to the construction site. During transport, the drum spins all the time with the _____ (beton) This is done in order to prevent the hardening of concrete and the segregation of _____ (składniki).

ZADANIE 2.

Budowa. Jakich maszyn użyto na placu budowy?
A building site. What machines have been used here?

_____
_____
_____
_____
_____
_____
_____
_____
_____
_____
_____

ZADANIE 3.

Połącz słowa (1–6) z definicjami (A–F).
Match the words (1–6) with the definitions (A–F).

excavator ○   ☐ A crane that does not move.

stationary crane ○   ☐ A concrete mixer mounted on the chassis of a truck used for mixing and delivering concrete.

grader ○   ☐ A powered machine for digging earth, gravel, sand, etc.

truck concrete mixer ○   ☐ A piece of heavy equipment used to level or smooth road or other surfaces.

trailer ○   ☐ A large, powerful tractor having a vertical blade at the frontend for moving earth, tree stumps, rocks, etc.

bulldozer ○   ☐ A large transport vehicle designed to be hauled by a truck or tractor, a platform for transporting something.

ZADANIE 4.

Napisz rzeczowniki i podaj trzy różne ich znaczenia w języku polskim.
Enter the missing nouns and create 3 new word, then translate into Polish.

tower		żuraw wieżowy
mobile	crane	żuraw samojezndy
self-climbing		żuraw samowznoszący
two-way		
three-way	_____	
end		
tripper		
self loading	_____	
motor		

ZADANIE 5.

Jaka to maszyna? Napisz po angielsku.
What kind of machine it this? Write in English.

ZADANIE 6.

Omów do czego wykorzystujemy powyższe maszyny.
Discuss where we use the machines presented above.

10 Narzędzia budowlane
Building tools

KEY WORDS – WAŻNE POJĘCIA

angle grinder szlifierka kątowa

belt sander szlifierka taśmowa

bending iron klucz do gięcia prętów zbrojeniowych

bending table stół zbrojarski

bending tool giętarka

boom, jib wysięgnik, ramię

brush szczotka

bucket wiadro

building elevator, lift wyciągarka

circular saw (buzz saw) piła tarczowa

concrete grinder (sander) szlifierka do betonu

concrete gun, concreting sprayer torkretnica

concrete mixer betoniarka

concrete mixing plant wytwórnia betonu

concreter's tongs obcęgi do wiązania zbrojenia

crowbar, jimmy łom

cutting off machine (cutter) przecinarka

float paca

grab, grabbing bucket chwytak

grinder szlifierka

hacksaw blade brzeszczot

hammer młotek

hammer drill wiertarka udarowa

hand drill wiertarka ręczna

hand saw piła ręczna

hand steel shears nożyce ręczne do stali

hose wąż doprowadzający wodę

hydrophore hydrofor

internal concrete vibrator wibrator pogrążalny do betonu

jig-saw wyrzynarka

knife, cutting tool nóż

ladder drabina

laying-on trowel kielnia tynkarska do zacierania na gładko

leveller niwelator

lifting slings zawiesia

mallet młotek drewniany

mechanical saw piła mechaniczna

milling machine frezarka

mortar pan (mortar trough, mortar tub) skrzynia do przygotowywania zaprawy murarskiej

paint brush, brush pędzel

paint roller, roller wałek malarski

pick, pickaxe kilof

pincers, clipper, tongs obcęgi

pipe bender wyginarka do rur

pipeline rurociąg

planing machine strugarka

plasterer unit (set) agregat tynkarski

plump bob (plummet) pion (ciężarek pionu)

pop rivet gun nitownica

power float concrete (power trowel) zacieraczka do betonu

pulley krążek

pump pompa

rechargeable (battery) drill wiertarka akumulatorowa

reinforcement bar bender giętarka do prętów zbrojeniowych

roofer belt pas dekarski

sand paper papier ścierny

saw piła

scissors nożyczki

screen sito murarskie / ramowe, rafa

screwdriver wkrętarka, śróbokręt

shears nożyce

shutter boards (lining boards) deski szalunkowe

sifter przesiewnik

sledge młot

spanner klucz

spatula szpachla

spirit level poziomnica

sponge gąbka

stapler zszywacz

strip for smoothing listwa do wygładzania

theodolite teodolit

thick lead pencil ołówek murarski

thickener zagęszczarka

tools narzędzia

trowel kielnia

tube bender giętarka do rur

vibrator wibrator

vice imadło

wheelbarrow taczka

wood chisel dłuto

yard brush grabie

In construction, we use a wide range of building tools for various jobs. A builder's toolbox contains many tools, such as:

- universal tools: a spirit level, measure, hammer, laser level, measurement devices – theodolite, leveller, wheelbarrow, hose, plumb-bob (plummet);
- for painting work: brush, ladder, paintbrush, sponge, spatula, brush, bucket, wallpaper knife, wallpaper table;
- for earth and foundation works: a shovel, spade, pickaxe, crowbar, shutter boards (lining boards);
- for roof work: scissors, roofer belt, stapler, staples, bending;
- for carpentry: carpenter's hammer, pincers, handsaw, mechanical saw, jig-saw, grinder, planing machine, milling machine, circular saw (buzz saw);
- for brickwork, bricklaying work: a trowel, masonry hammer, bucket, patch level, water hose, mixers, mortar pan (box), thick lead pencil, mallet, screen;
- for plaster and rendering work: a float, plasterer unit (set), trowel, patch, laying-on trowel;
- for floor laying work: a vibrating beam, cutting-off machine (cutter), power float concrete (power trowel), strip for smoothing, vibratory thickener, concrete pump;
- for steel fixing work: scissors, angle grinder, rebar trying tool, bending manual, clamp, bending table, hand steel shears, bending iron, concreter's tongs.

W budownictwie stosujemy całą gamę narzędzi budowlanych, które wykorzystujemy do różnych prac. Przybornik budowlańca zawiera wiele narzędzi, a do podstawowych należą:

- uniwersalne: poziomnica, miara, młotek, poziomnica laserowa, urządzenia pomiarowe – teodolit, niwelator, taczka, wąż doprowadzający wodę, pion (ciężarek pionu);
- do robót malarskich: pędzel, drabina, wałek malarski, gąbki, szpachla, szczotki, wiadro, nóż tapeciarski, stół tapeciarski;
- do robót ziemnych i fundamentowych: łopata, szpadel, kilof, łom, deski szalunkowe;
- do robót dekarskich: nożyce, pas dekarski, zszywacz, zszywki, giętarki;
- do robót ciesielskich: młotek ciesielski, obcęgi, piła ręczna, piła mechaniczna, pas dekarski, wyrzynarka, szlifierka, strugarka, frezarka, piła tarczowa;
- do robót murarskich: kielnia, młotek murarski, wiadro, skrzynia do zaprawy, łata, poziomnica, wąż wodny, mieszarki, skrzynia do przygotowywania zaprawy murarskiej, ołówek murarski, podbijak, młotek drewniany, sito murarskie / ramowe;
- do robót tynkarskich: paca, agregat, kielnia, łata, poziomnica, kielnia tynkarska do zacierania na gładko;
- do robót posadzkarskich: listwa wibracyjna, przecinarka, zacieraczka do betonu, listwy do wygładzania, zagęszczarka wibracyjna, pompa do betonu;
- do robót zbrojarskich: nożyce, szlifierka kątowa, kluczyk do wiązania, giętarka ręczna, cęgi, stół zbrojarski, nożyce ręczne do stali, klucz do gięcia prętów zbrojeniowych, obcęgi do wiązania zbrojenia.

ZADANIE 1.

Podpisz rysunki w języku angielskim.
Write the names of the tools in English.

Kielnia

Szlifierka kątowa

Młotek murarski

Drabina

Zacieraczka do betonu

Niwelator

| Giętarka do rur | Paca tynkarska | Obcęgi |

_____   _____   _____

ZADANIE 2.

Wstaw brakujące słowa.
Fill in the gaps.

For lifting building materials bricklayers use: pulleys, ropes, a building elevator and cranes. _____ (roboty murarskie) is performed in groups of workers, the so-called brigades. Basic steps in a bricklayer work are building foundations, bearing walls and partitions. Masons use mainly the following tools.

- _____ (kielnia) – for applying and spreading _____ (zaprawa)
- _____ (młotek murarski) – for breaking _____ (cegły) into smaller elements
- _____ (paca) – for levelling and smoothing the mortar laid
- _____ (poziomnica) – for checking the level of the walls
- _____ (miara) – to measure the length of the wall built
- _____ (pędzel) – to wet the surface prior to _____ (roboty tynkarskie),
- _____ (sito) – to sift the aggregate
- _____ (taczka) – to carry the mortar
- _____ (betoniarka) – for mixing mortar
- For lifting building materials bricklayers use: pulleys, _____ (liny), a building elevator, and _____ (żurawie).

Do pionowego i poziomego przenoszenia materiałów budowlanych murarze używają przede wszystkim: wciągarek, wyciągów budowlanych, żurawi budowlanych.
Roboty murarskie wykonywane są przez grupy robotników, które są nazywane brygadami. Do podstawowych czynności murarza należy: wznoszenie fundamentów, ścian nośnych i działowych.
Murarze używają przede wszystkim poniższych narzędzi:
- *kielni – do nakładania i rozprowadzania zaprawy murarskiej,*
- *młotka murarskiego – do rozbijania cegieł na właściwe formy,*
- *pacy – do wygładzania i zacierania narzuconej zaprawy,*
- *poziomicy – do poziomego i pionowego wyrównywania murów,*

- *miary metrowej – do mierzenia długości postawionego muru,*
- *pędzla – do zwilżania powierzchni ścian przed tynkowaniem,*
- *sita – do oddzielania kruszywa wg kryterium wielkości,*
- *taczki – do przewożenia zaprawy,*
- *betoniarki – do mieszania zaprawy.*

ZADANIE 3.

Utwórz nazwy narzędzi budowlanych z rozsypanych liter.
Put the letters in the correct order to find the English names of building tools.

RIGDERN: _____

LREVELLRE: _____

WAS: _____

XEAPIKC: _____

DDERLA: _____

TINERHCKE: _____

ATFLO: _____

TEKCUB: _____

MMERHA: _____

ZADANIE 4.

Omów, do czego wykorzystujemy poniższe narzędzia.
Discuss where we use the tools presented in the picture.

_____

_____

_____

_____

_____

_____

_____

11

Bezpieczeństwo na budowie
Building site safety

KEY WORDS – WAŻNE POJĘCIA

above 5 metres powyżej 5 metrów

accident wypadek

acid kwas

alarm alarm

alcohol wipe gazık nasączony alkoholem

ambulance karetka pogotowia

assurance on the roof asekuracja na dachu

serious accident poważny wypadek

balustrade, railing balustrada

blanket koc

caustic material materiały żrące

collapse upadek

curb krawężnik

danger niebezpieczeństwo

dangerous height niebezpieczna wysokość

deep excavation głębokie wykopy

deep water głęboka woda

dressings opatrunki

drunk pijany

dust mask maska przeciwpyłowa

ear plugs zatyczki do uszu

earmuffs słuchawki

electric shock porażenie prądem

evacuation signal alarm sygnał do ewakuacji

evacuation, escape ewakuacja

explosive materials materiały wybuchowe

fire fighting tools narzędzia przeciwpożarowe

fall protection, safety belt szelki

false fire alarm fałszywy alarm pożarowy

fire alarm alarm pożarowy

fire blanket koc przeciwpożarowy

fire hazard zagrożenie pożarowe

fire roof screen, fire ceiling screen kurtyna ogniowa

fire stop bariera ogniowa

first aid pierwsza pomoc

first aid kit apteczka pierwszej pomocy

first aider osoba, która udziela pierwszej pomocy

flammable substancje łatwoplane

flammable materials materiały łatwopalne

gloves rękawiczki

hazard zagrożenie

height work permit pozwolenie na pracę na wysokości

helmet, hard hat kask

high voltage wysokie napięcie

hi-vis vest kamizelka odblaskowa

horizontal safety net siatki bezpieczeństwa poziome

hot gorąco

knot węzeł, supeł

knee pads nakolanniki

list of emergency phone numbers lista numerów alarmowych

machine ticket uprawnienia do obsługi maszyn

mind the step uwaga na stopień

mind your head uwaga na głowę

mind yourself, watch yourself uważaj na siebie

no access for people brak przejścia dla ludzi

no smoking zakaz palenia tytoniu

overhead load uwaga na ciężar nad głową

P.P.E. sprzęt ochronny

pain medication leki przeciwbólowe

poison trucizna

poisoned trujący, zatruty

poisonous materials materiały trujące

raise the alarm zaalarmować

accident report raport z wypadku

rigging olinowanie

risk of fall ryzyko upadku

safe pass, OMS training kurs bhp

safety bezpieczeństwo

safety barriers barierki ochronne

safety belt pasy bezpieczeństwa

safety boots buty ochronne

safety glasses okulary ochronne

safety goggles gogle ochronne

safety harness uprząż bezpieczeństwa

safety helmet hełm ochronny

self-inhibitor device urządzenia samohamowne

shatterproof glass nietłukące się szkło

smoke detector czujka dymu

smoking room palarnia

sober trzeźwy

spark iskra

sterile gauze gaza sterylna

suitable extinguishing media środki gaśnicze

tweezer pęseta

under 1 metre poniżej 1 metra

under the influence of alcohol pod wpływem alkoholu

vertical safety net siatki bezpieczeństwa pionowe

wash hands myć ręce

web belt zawiesie pasowe

welding gloves rękawiczki spawalnicze

welding mask maska spawalnicza

To ensure safety at the building site, the relevant universal marking is used. Mostly safety signs are placed for this purpose. They can be divided into:
- *prohibiting signs (circular in shape with dominant red colour);*
- *cautioning – warning signs (triangle shape with dominant yellow colour);*
- *ordering signs (circular in shape with dominant blue colour);*
- *informing signs (the shape of a rectangle with dominant blue colour);*
- *signs indicating a hazardous location (square or rectangle with dominant green colour);*
- *information boards;*
- *information and warning signs at the site.*

Na terenie budowy w celu zapewnienia bezpieczeństwa używa się odpowiednich uniwersalnych oznaczeń. Należą do nich przede wszystkim znaki bezpieczeństwa, które można podzielić na:
- *zakazujące (kształt koła i dominujący kolor czerwony);*
- *ostrzegające (kształt trójkąta i dominujący kolor żółty);*
- *nakazujące (kształt koła i dominujący kolor niebieski);*
- *informujące (kształt prostokąta i dominujący kolor niebieski);*
- *informujące o miejscach bezpiecznych (kształt kwadratu lub prostokąta i dominujący kolor zielony);*
- *tablica informacyjna budowy;*
- *tablice informacyjne i ostrzegawcze.*

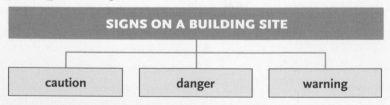

Hearing protection

Head protection

High visibility clothing

Wear welding mask

Wear dust mask

Face protection must be worn

Caution
Overhead load

Industrial trucks warning

Demolition

Danger
High voltage

Incomplete scaffold

Buried cables

No naked flames

Staff only

Poisonous materials

Overhead crane

First Aid Station

Explosive materials

11.1. Pożar
Fire

Every year there are many fires throughout Europe on building sites and in buildings. As a result, people are killed or injured and property is irretrievably lost. Planning of fire safety must include a fire protection plan. The plan must detail as a minimum:

- *organization and responsibilities for fire safety;*
- *general site precautions, fire detection and alarm systems, temporary emergency lighting and fire extinguishers;*
- *an effective evacuation plan;*
- *the location of designated smoking areas;*
- *procedures for calling the fire brigade;*
- *the regime for storage and control of waste materials;*
- *the location, building site information and information on maintenance of temporary buildings.*

There are a few steps in carrying out a fire risk assessment:

- *identify fires possible in your workplace (identify hazards): consider how a fire could start and what could burn;*
- *procedures for reporting emergencies to the fire department;*
- *decide who might be harmed and how; people at risk: employees, contractors, visitors;*
- *floor plans identifying the locations of exits, exit stairs, exit routes and portable fire extinguishers;*

- *the name and contact phone number of the person(s) responsible for compliance with the fire protection plan.*

Każdego roku w całej Europie na placach budowy i w budynkach wybucha wiele pożarów. W efekcie ludzie tracą życie lub zostają ranni, a dobytek zostaje bezpowrotnie strucony. Ze względu na planowanie bezpieczeństwa pożarowego musi być powstać plan ochrony przeciwpożarowej. Plan powinien zawierać takie informacje, jak:
- organizacja i odpowiedzialność za bezpieczeństwo pożarowe;
- środki bezpieczeństwa, pożarowe systemy wykrywające i alarmowe, informacje o tymczasowym oświetleniu awaryjnym i gaśnicach;
- skuteczny plan ewakuacji;
- położenie wyznaczonych miejsc dla palących;
- procedury wzywania straży pożarnej;
- zasady przechowywania i kontroli odpadów;
- lokalizacja, informacja o budowie i utrzymaniu tymczasowych budynków.

Istnieje kilka kroków w przeprowadzaniu oceny ryzyka pożarowego:
- określenie możliwości wybuchu pożaru w miejscu pracy (identyfikacja zagrożeń): należy zastanowić się, jak ogień może powstać i które materiały są łatwopalne;
- procedury zgłaszania wypadków do straży pożarnej;
- trzeba określić, kto i w jaki sposób mógłby zostać poszkodowany – zagrożeni ludzie: współpracownicy, kontrahenci, goście;
- plany z lokalizacją wyjść ewakuacyjnych, schodów przeciwpożarowych, dróg ewakuacyjnych i przenośnych gaśnic;
- imię i nazwisko oraz numer telefonu kontaktowego osoby odpowiedzialnej za właściwą ochronę przeciwpożarową.

11.2. Gaśnice stosowane w Anglii
Fire extinguishers used in England

Water *(red) – wood, paper, fabrics etc.*
Foam *(red with a cream band) – flammable liquids, oils, fats, etc.*
Powder *(red with a blue band) – all fires including electrics, flammable liquids and gases*

Carbon dioxide *(CO₂, red with a black band) – flammable liquids and electrical fires.*

Woda (czerwona) – drewno, papier, tkaniny itp.
Piana (czerwona z kremowym paskiem) – łatwopalne ciecze, oleje, tłuszcze itp.
Proszek (czerwona z niebieskim paskiem) – instalacje elektryczne, łatwopalne ciecze i gazy.
Dwutlenek węgla (CO₂, czerwona z czarnym paskiem) – łatwopalne ciecze, instalacje elektryczne.

ZADANIE 1.

Podpisz znaki po angielsku.
Write the sign titles in English.

_____   _____   _____

_____   _____   _____

ZADANIE 2.

Wpisz odpowiednie słowa.
Fill in the gaps.

For everything that happens on the _____ (plac budowy), the _____ (inwestor) is responsible, even during breaks. It is therefore necessary to ensure adequate working conditions for _____ (pracownicy) and a place where they can enjoy a meal, wash up or relax. Before starting work, the _____ (plac budowy) must have a _____ (płot, ogrodzenie). The fence height should be at least 1.5 metres high. Do not forget to build an _____ (tablica informacyjna) with the required information.

In case of _____ (praca na wysokości), appropriate safeguards should be used, such as _____ (rusztowania) or platforms. Each platform must have a _____ (barierka, balustrada) to protect against collapse, placed at a height of 1.1 m. Additionally, platforms shall be equipped with a 15 cm high _____ (krawężnik), which prevents tools from falling from the platform.

Za wszystko, co dzieje się na budowie, odpowiada inwestor. Dotyczy to nawet przerw w pracy. Musi on zapewnić odpowiednie warunki pracy. Szczególnie chodzi tu o miejsce, gdzie pracownicy mogliby zjeść posiłek i mieliby możliwość umycia się i odpoczynku. Przed rozpoczęciem prac teren budowy należy ogrodzić. Wysokość ogrodzenia powinna wynosić minimum 1,5 metra. Należy pamiętać o umieszczeniu tablicy informacyjnej budowy wraz z wymaganymi informacjami.

W przypadku prac na wysokości należy stosować odpowiednie zabezpieczenia oraz korzystać z rusztowań. Każdy pomost rusztowania musi być wyposażony w barierkę zabezpieczającą przed upadkiem na wysokości 1,1 metra i mieć wysoki na 15 cm krawężnik, który zabezpiecza przed spadaniem narzędzi.

ZADANIE 3.

Przykładowy sprzęt zabezpieczający – wpisz nazwy angielskie.
Examples of safety equipment. Write the English names.

Szelki bezpieczeństwa

Hełmy ochronne

Urządzenia samohamowne

Siatki bezpieczeństwa

Asekuracja na dachach

Podesty z balustradami

ZADANIE 4.

Pierwsza pomoc na budowie. Przeczytaj tekst, przetłumacz wyróżnione fragmenty.
First aid on the building site. Read the text and translate the distinguished fragments into Polish.

The construction industry, by its very nature, is a high hazard as defined by the First Aid Regulations. There are many hazards on building sites. *The Health and Safety (First Aid) Regulations require all construction sites to have:*
● a first aid box *with enough equipment to cope with the number of workers on site*
● *an appointed person to take charge of first aid arrangements (First Aid Point).*
First aid box (first aid kit) components: sterile gauze, *bandages,* pain medication, *scissors, plasters in various sizes,* non-allergenic plasters, *dressings, disposable latex gloves, a mouth mask, tweezers, alcohol wipes, blanket,* list of emergency phone numbers, *etc.*

_____
_____
_____
_____
_____
_____
_____
_____
_____
_____
_____
_____
_____
_____

ZADANIE 5.

Dopasuj słowa (1–6) do definicji (A–F).
Match the words (1–6) with the definitions (A–F)

safety glasses ○   □ a box that contains items needed to treat a small injury.

earplug ○   □ material that covers face and protects mouth and nose from dust.

hard hat ○   □ helmet made of plastic or metal; a hat made of a hard material for protection.

first aid kit ○   □ small pieces of plastic that reduce noise from the machinery.

dust mask ○   □ protective covering for the knee.

knee pads ○   □ protective eyewear that uses shatterproof glass.

ZADANIE 6.

Dlaczego pracownik otrzymał naganę?
Why did the employee receive a written warning?

To: (Employee's name) – John Smith,
Job title – welder
From: Natasha Novak
Job title – executive director

WRITTEN WARNING

This letter is a warning for your failure to meet the safety regulations over the past few months. This was the third time you were not wearing safety glasses.

You have the opportunity to correct your behaviour. In order for your behaviour to be considered satisfactory, you must achieve and maintain the following performance standards: you must always wear safety glasses and a protective coat when welding.

Employee

_____   _____
        (Signature)   (Date)

Manager administering the warning:

_____   _____
        (Signature)   (Date)

12

Plac budowy
Building site

KEY WORDS – WAŻNE POJĘCIA

access dojście, dostęp

access control kontrola dostępu

accident wypadek

area of construction work teren budowy

assembly montaż

barracks baraki

bin kosz na śmieci

assembly place plac montażowy

acces road, builder's road droga do placu budowy

building line linia zabudowy

building permit, planning permission pozwolenie na budowę

building site plac budowy

building site camp, contractor's temporary plant and facilities zaplecze budowy

building site fencing ogrodzenie placu budowy

building site plan plan zagospodarowania budowy

building supervision, building inspection, construction inspection nadzór budowlany

car park parking

caution board tablica ostrzegawcza

caution sign, warning znak ostrzegawczy

clerk of works, building inspector inspektor nadzoru budowlanego

construction book, building site book, construction log, construction logbook dziennik budowy

construction company firma budowlana

construction industry przemysł budowlany (budownictwo)

construction manager, building site manager kierownik robót

contractor wykonawca

day by day z dnia na dzień

demolition rozbiórka

development plan plan zagospodarowania terenu

emergency phone telefon alarmowy

entrance wejście

escape route, evacuation route droga ewakuacji

evacuation, escape ewakuacja

excavation wykop

exit wyjście

exit for vehicles wyjazd dla pojazdów

extension dobudówka

fence ogrodzenie

field laboratory budowlane laboratorium polowe

fire assembly point miejsce zbiórki na wypadek pożaru

fire extinguisher gaśnica

gate brama

handrail poręcz

hygiene and sanitary facilities zaplecze higieniczno-sanitarne

information board tablica informacyjna

injury skaleczenie, uraz, rana

internal road droga wewnętrzna

investor inwestor

IT skills umiejętności komputerowe

ladder drabina

land development conditions decision / planning permission warunki zabudowy i zagospodarowania terenu

lighting oświetlenie

loading bay miejsce załadunku

main contractor generalny wykonawca

master switch, main switch główny wyłącznik prądu

pedestrian entrance wejście dla pieszych

pedestrian gate bramka dla pieszych

pedestrian road droga dla pieszych

pedestrian zone strefa dla pieszych

refuse container pojemnik na odpadki

safety belt pas bezpieczeństwa

safety officer kierownik bhp

sanitary facilities zaplecze sanitarne

security ochrona

site cleaning, clean site oczyszczenie placu budowy

site lighting oświetlenie placu budowy

site manager kierownik budowy

site office biuro budowy

skip kontener na śmieci

slip poślizgnąć się

staff personel

storage area, storage field, storage yard plac składowy, składowisko

storage, store magazyn

subcontractor podwykonawca

temporary road droga tymczasowa

trip potknąć się

unsafe niebezpieczny

wheel washer myjka do kół

The construction site is a closed area on which there are:
- *an entry fence and gates;*
- *roads – temporary and permanent roads with markings and parking spaces;*
- *equipment and facilities;*
- *storage and warehouses;*
- *social and hygiene facilities;*
- *administrative support;*
- *temporary supply networks and facilities, including water, electricity and other utilities;*
- *building site lighting;*
- *building signalling devices, safety equipment and fire equipment.*

Plac budowy to wydzielony teren, na którym znajdują się:

- *ogrodzenie wraz z wejściem i bramami,*
- *drogi tymczasowe i stałe wraz z oznakowaniem i parkingami,*
- *wyposażenie placu budowy,*
- *składowiska i magazyny,*
- *zaplecze higieniczno-sanitarne,*
- *zaplecze administracyjne,*
- *tymczasowe zaopatrzenie budowy w media: energię i wodę, przyłącze do sieci odprowadzającej wodę opadową i ścieki,*
- *oświetlenie placu budowy,*
- *urządzenia sygnalizacji, urządzenia bhp i przeciwpożarowe.*

WJAZD NA PLAC BUDOWY

ENTRANCE TO THE BUILDING SITE

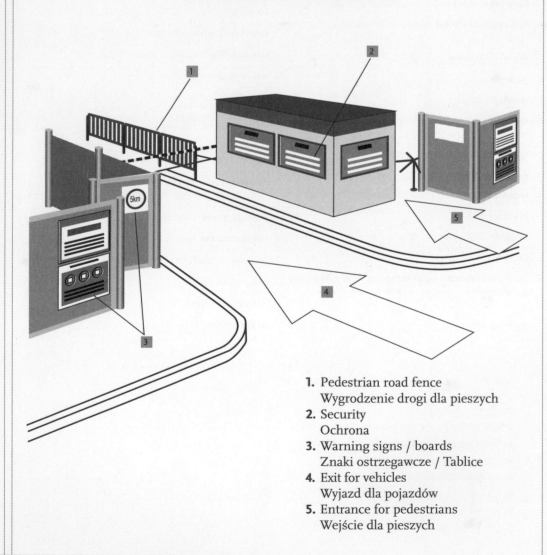

1. Pedestrian road fence
   Wygrodzenie drogi dla pieszych
2. Security
   Ochrona
3. Warning signs / boards
   Znaki ostrzegawcze / Tablice
4. Exit for vehicles
   Wyjazd dla pojazdów
5. Entrance for pedestrians
   Wejście dla pieszych

ORGANIZACJA RUCHU WEWNĄTRZ TERENU BUDOWY
ORGANIZATION OF MOVEMENT INSIDE THE BUILDING SITE

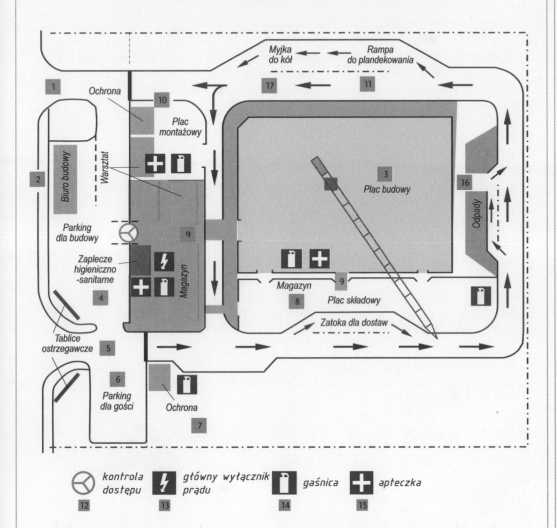

1. Security
2. Office building
3. Building site
4. Hygiene and sanitary facilities
5. Caution board, warning sign
6. Parking space for guests
7. Security
8. Storage yard, storage field
9. Storage

10. Assembly place
11. Internal road
12. Access control
13. Master switch, main switch
14. Fire extinguisher
15. First aid kit
16. Waste
17. Wheel washer

12.1. Tablica informacyjna budowy
Information building site board

According to the Regulation of the Minister of Infrastructure of 26 June 2002, on the log construction, assembly and dismantling and the information board, at the time of construction the board should be placed in a prominent place on the public road, or the access road leading to it, at the height that allows reading of the text. According to the Journal of Laws No 108, item 953 – § 13, as the information board contains the following information:

1. *It determines the type of construction work and the address;*
2. *The building permit number and name, address and telephone number of the competent supervision authority;*
3. *The name and surname or the company name, the address and telephone number of the investor;*
4. *The name and surname or the company name, the address and telephone number of the contractor or contractors of works;*
5. *The names, addresses and telephone numbers of:*
   a) *the construction manager,*
   b) *the site manager,*
   c) *the investor's inspector,*
   d) *designers,*
6. *The telephone numbers of emergency services: the police, fire service, ambulance;*
7. *The telephone number of the regional labour inspector.*

Rozporządzeniem Ministra Infrastruktury z 26 czerwca 2002 r. w sprawie dziennika budowy, montażu i rozbiórki oraz tablicy informacyjnej, *należy umieścić tablicę informacyjną w widocznym miejscu, od strony drogi publicznej lub dojazdu. Tablica powinna być usytuowana na wysokości, która umożliwia jej odczytanie.*
Wg Dziennika Ustaw nr 108, poz. 953 – § 13.1
tablica informacyjna powinna zawierać:

1. *określenie rodzaju robót budowlanych oraz adres miejsca, gdzie są wykonywane te roboty,*
2. *numer pozwolenia na budowę oraz nazwę, adres i numer telefonu właściwego organu nadzoru budowlanego,*
3. *dane inwestora (nazwa, adres, numer telefonu),*
4. *dane wykonawcy (nazwa, adres, numer telefonu),*
5. *imiona, nazwiska, adresy i numery telefonów:*
   a) *kierownika budowy,*
   b) *kierowników robót,*
   c) *inspektora nadzoru inwestorskiego,*
   d) *architektów i konstruktorów,*
6. *numery telefonów alarmowych (policji, straży pożarnej, pogotowia),*
7. *numer telefonu inspektora pracy.*

12.2. Bezpieczeństwo na budowie
Safety on the building site

Building sites can be very dangerous places with hazards from falling material and electrical faults, as well as dangers from power tools and working on scaffolding, faulty lifts, collapsing trenches and foundations or people working at height. Some of the most common building site accident compensation claims we deal with involve people falling from heights, slipping or tripping on something or being injured by dangerous machinery.

Place budowy mogą być bardzo niebezpieczne. Istnieją tam zagrożenia związane ze spadającymi materiałami, usterkami elektrycznymi, z użyciem elektronarzędzi, pracą na rusztowaniach, wadliwymi wyciągami (windami), osuwającymi się głębokimi wykopami. Do najczęstszych wypadków na placu budowy należą upadki z wysokości, poślizgnięcia lub potknięcia oraz zranienia w trakcie pracy przy maszynie.

TABLICA INFORMACYJNA BUDOWY
BUILDING SITE INFORMATION BOARD

TABLICA INFORMACYJNA

POZWOLENIE NA _____ NR _____
NADZÓR BUDOWLANY _____
INWESTOR _____
WYKONAWCY _____
KIER. BUDOWY _____
KIER. ROBÓT _____
INSPEKTOR NADZORU _____
PROJEKTANCI _____
POGOT. RATUNKOWE _____ POLICJA _____
STRAŻ POŻARNA _____ INSP. PRACY _____

- Rigid board
- Colour – yellow
- Size 90 × 70 cm
- Black letters
- The letters and figures at least 4 cm tall

ZADANIE 1.

Podpisz znaki po angielsku.
Translate the signs into English.

**TEREN BUDOWY
WSTĘP
ZABRONIONY**

**TEREN
ROZBIÓRKI
WSTĘP ZABRONIONY**

**UWAGA!
PRACE NIEBEZPIECZNE
PRZEJŚCIE ZABRONIONE**

NIEBEZPIECZEŃSTWO

**UWAGA!
PRACA
DŹWIGU**

**UWAGA!
WYJAZD
Z BUDOWY**

ZADANIE 2.

Przeczytaj definicje i odgadnij, jakie to słowa.
Read the definitions and guess the words in English.

- b _ _ _ _ _ _ _ _ i _ _ _ a _ _ _ _ r
  on the building site he is responsible for all works

- _ _ f _ _ _ _ _ _ _ _ _ r
  a person who is responsible for health and safety on building site

- _ _ _ _ _ y _ e _ _
  designed for our safety, e.g. in a car, on the building site; equipment designed to protect a person.

- _ _ d _ _ _ _ _ _ _ _ _ _ _ e
  areas of a city or town reserved for pedestrian use only, in which some or all automobile traffic may be prohibited

- _ u _ _ _ _ n _ p _ _ _ _ _
  all documents which are needed to start a build from the planning department.

ZADANIE 3.

Połącz w pary.
Match the pairs.

sanitary ○   □ washer
caution ○   □ manager
safety ○   □ road
building ○   □ facilities
emergency ○   □ phone
wheel ○   □ board
temporary ○   □ supervision
building site ○   □ belt

ZADANIE 4.

Notatka prasowa – przeczytaj tekst. Jakich obrażeń doznała Angela?
Read the text of the press release. What injuries did Angela have?

Four-year-old Angela Smith was lucky to be alive after falling down a hole on a building site near her house. After playing on this building site for a few minutes, she fell down a big hole. She broke her arm and tore her favourite dress. Angela was stuck down the hole for two hours. Her mum then noticed she was not in the garden and followed her footprints through the hole into the building site. Luckily she found her and rang the emergency services. Angela was rescued and is now in hospital. Her parents think she got through a big hole in the fence. Remember that you should always secure the construction site correctly.

_____
_____
_____
_____
_____
_____
_____
_____
_____
_____
_____
_____
_____

ZADANIE 5.

Przeczytaj tekst, przetłumacz wyróżnione fragmenty.
Read the text and translate the distinguished fragments.

SKILLS OF A SITE MANAGER

A **site manager** also sometimes has the title of a construction manager, a building manager or a site agent. He or she will oversee operations on a **day-to-day** basis, and ensure **that work is done safely**, on time and within budget and to the right **quality standards**. A site manager needs to be able to plan work well, and to be **well-organized**, and prepared for responsibility and decision making. And, in common with many other **construction industry jobs**, you will also need to be highly familiar with good **IT skills**, as well as good at solving problems. At the same time, you'll have to be able to get your head around building, and health and **safety regulations**, as well as other **legislation**. Site managers also need strong people skills, since you'll have to be able to communicate with, manage and motivate people at all levels, **from staff to subcontractors**.

_____
_____
_____
_____
_____
_____
_____
_____
_____
_____

13 Kosztorys
Cost estimate

KEY WORDS – WAŻNE POJĘCIA

additional estimate, supplementary estimate kosztorys na roboty dodatkowe

as-built bill of quantities kosztorys powykonawczy

bill of quantities przedmiar robót

blank estimate ślepy kosztorys

building costs, estimating building costs koszty budowy

building equipment, construction equipment sprzęt

calculated profit zysk kalkulacyjny

capital costs, first costs koszty inwestycyjne

catalogue of standard prices and rates, catalogue of resource expenditures, catalogues of material outlays Katalog Nakładów Rzeczowych (KNR)

construction work cost estimate, building estimate kosztorys budowlany

cost estimate standards of outlays in-kind Kosztorysowe Normy Nakładów Rzeczowych (KNNR)

costing kosztorysowanie

costs koszty

design documentation, project documentation dokumentacja projektowa

design work estimate kosztorys projektowy

direct costs koszty bezpośrednie

duty obowiązek

environmental guidelines wytyczne środowiskowe

estimate, cost calculation, estimated budget kosztorys

estimated price cena kosztorysowa

estimator, quantity surveyor kosztorysant

executive estimate kosztorys wykonawczy

financial records, financial matters dane finansowe

general costs, overheads koszty ogólne

indirect costs koszty pośrednie

investement cost estimate kosztorys inwestorski

labour robocizna

labour costs, labour charges, labour costs koszty robocizny

labour rate stawka za robociznę

method of calculation metoda kalkulacji

operating costs koszty eksploatacji

payment płatność

Personal Income Tax podatek indywidualny od osób fizycznych PIT

post-completion documentation, as-is documentation, as-built documentation, as-built drawings dokumentacja powykonawcza

pre-tax brutto, przed opodatkowaniem

pre-tender/tender cost estimate kosztorys ofertowy

prime costs, self-costs koszty własne

quantity survey report, quantity survey book, survey book książka obmiaru robót

quantity survey, quantity survey of work obmiar robót

schedule harmonogram

site book, site diary, (building) site logbook, construction logbook dziennik budowy

subcontractor podwykonawca

supplier dostawca

(income) tax podatek (dochodowy)

transport charges, freight koszty transportu

unit pricing (jednostkowe) nakłady rzeczowe

Value Added Tax VAT, podatek od wartości dodanej; podatek od towarów i usług

---

Before building a house, highway or any building, costs must be assessed. The documentation that shows the expenses necessary to carry out the building is an estimate. This document is primarily a source of information:
- *on the required amount of money you must possess to build;*
- *for the bank – if you apply for credit;*
- *on a list of predictable work, necessary materials and equipment expenditures.*

Building cost classification:
- *investement cost estimate;*
- *pre-tender / tender cost estimate;*
- *additional works estimate;*
- *as-built bill of quantities;*
- *blank estimate.*

Przed przystąpieniem do budowy domu, autostrady czy jakiegokolwiek budynku, należy oszacować koszty. Dokumentacja, która przedstawia wydatki niezbędne do wzniesienia danej budowli, to kosztorys. Dokument ten stanowi przede wszystkim źródło informacji:
- *o wymaganej kwocie (sumie pieniędzy), którą musimy przeznaczyć na budowę;*
- *dla banku – w przypadku wystąpienia o kredyt;*
- *o zakresie przewidywanych robót, ilości niezbędnych materiałów i wydatków na sprzęt.*

Klasyfikacja kosztorysów budowlanych:
- *kosztorys inwestorski;*
- *kosztorys ofertowy;*
- *kosztorys na roboty dodatkowe;*
- *kosztorys powykonawczy;*
- *kosztorys nakładczy – ślepy.*

13.1. Cena kosztorysowa
Estimated price

When calculating the estimated price, use the following formula:

$$C_K = R + M + Kz + S + Kp + Z + Pz$$

where:

C_K – *estimated price, of the building object, separate building elements, type of work;*
R   – *direct labour cost;*
M   – *direct materials cost;*
Kz – *purchases of materials including the cost of external transport;*
S   – *equipment and transport costs;*
Kp – *indirect costs;*
Z   – *calculated profit*
Pz – *additional cost*

Przy ustalaniu ceny kosztorysowej należy korzystać z następującego wzoru:

$$C_K = R + M + Kz + S + Kp + Z + Pz$$

gdzie:

C_K – *cena kosztorysowa określonego zakresu rzeczowego robót (obiektu, wydzielonego elementu, obiektu branżowego rodzaju robót lub wyodrębnionej w kosztorysie pozycji kalkulacyjnej);*
R   – *koszt robocizny bezpośredniej;*
M   – *koszt materiałów bezpośrednich;*
Kz – *koszt zakupu materiałów obejmujący również koszty ich transportu zewnętrznego;*
S   – *koszt pracy sprzętu oraz środków transportu technologicznego;*
Kp – *koszty pośrednie;*
Z   – *zysk kalkulacyjny;*
Pz – *pozostałe koszty.*

ZADANIE 1.

Połącz w pary.
Match the pairs.

calculated ○	☐ book
pre-tender ○	☐ rate
cost ○	☐ records
environmental ○	☐ price
financial ○	☐ charges
labour ○	☐ profit
estimated ○	☐ estimate
value added ○	☐ guidelines
site ○	☐ tax
transport ○	☐ costs

ZADANIE 2.

Przeczytaj definicje i podaj angielskie słowa.
Read the definitions and write the words in English.

- _ s _ _ _ _ _ _ _
approximate calculation of how much a piece of work will probably cost.
- _ _ b _ _ _ _ r _ _ _
that should be paid for each hour of labour time.
- _ _ - b _ _ _ _ _ _ o _ _ _ _ _ t _ _ _ _ _
The documentation of measurements, locations, and quantities of material of the work performed. The documentation is prepared by the contractor after work. It shows, in red ink, on-site changes to the original construction documents.
- _ u _ _ _ _ _ y s _ _ _ _ _ _ _
a person who estimates the cost of the materials and labour necessary for a construction job.

ZADANIE 3.

Przeczytaj tekst i wypisz w języku polskim główne obowiązki kosztorysanta.
Read the text and list (in Polish) the main responsibilities of a cost estimator (quantity surveyor).

QUANTITY SURVEYOR – RESPONSIBILITIES

- Preparing schedules
- Writing reports
- Ensuring that materials to be used during construction match up to environmental guidelines
- Preparing and maintaining financial records
- Assisting in cost estimation
- Informing the client on the progress of the project with particular reference to financial matters
- Preparing and analyzing cost comparison
- Preparation of contracts from suppliers and subcontractors
- Negotiating costs

- Preparing and reviewing project budget plus submitting cost estimates for potential variation works
- Attending meetings with clients when required
- Evaluating subcontractors' works and recommending payments
- Performing other duties as assigned

14

Cechy materiałów budowlanych
Properties of building materials

KEY WORDS – WAŻNE POJĘCIA

absorptivity nasiąkliwość

acoustic conductivity przewodność akustyczna

ageing resistance odporność na starzenie

bacteria bakteria

bending strength wytrzymałość na zginanie

biological corrosion korozja biologiczna

bulk density gęstość objętościowa

capillarity kapilarność

capillary rise of water podciąganie kapilarne

coefficient of heat transfer, heat-transfer coefficient współczynnik przewodzenia ciepła

coefficient of thermal conductivity współczynnik przewodzenia ciepła

compression strength wytrzymałość na ściskanie

conductivity przewodność

consistency konsystencja

corrosion resistance odporność na korozję

crack pęknięcie

creeping pełzanie

cubic samples próbki sześcienne

cylindrical samples próbki walcowe

density gęstość

destruction zniszczenie

diffusivity dyfuzyjność

ductility ciągliwość

durability trwałość

dust pył

elasticity sprężystość

fire resistance ogniotrwałość

fire-resisting, fireproof ogniotrwały

flammability palność

flexibility podatność, giętkość

fragility, crispness kruchość

freeze-thaw cycle cykl zamrażania-rozmrażania

freeze-thawing resistance mrozoodporność

friction tarcie

frost resistance odporność na zamarzanie

fungus (l.mn. fungi) grzyb

hardness twardość

heat capacity pojemność cieplna

humidity, moisture wilgotność

hygroscopicity higroskopijność

impact resistance udarność

increase poprawa, wzrost

insects owady

mass masa

mold pleśń

permeability przesiąkliwość

plasticity plastyczność

porosity porowatość

radioactivity radioaktywność

refractory żaroodporny

resistance to abrasion ścieralność

shear strength wytrzymałość na ścinanie

shrinkage skurcz

sorption sorpcja

strength, resistance wytrzymałość

tensile strength wytrzymałość na rozciąganie

tension rozciąganie

thaw rozmrażać

thermal conductivity przewodność cieplna

tightness szczelność

torsion skręcanie

toxicity toksyczność

ultraviolet radiation promieniowanie ultrafioletowe

viscosity, stickiness, adhesiveness lepkość

weight ciężar

Technical characteristics of a material are properties that determine its use. They can be divided into three main groups: physical, mechanical and chemical (biological) properties.

Cechy materiału budowlanego, które decydują o jego zastosowaniu, określamy mianem właściwości technicznych. Można je podzielić na trzy grupy: fizyczne, mechaniczne i chemiczne (biologiczne).

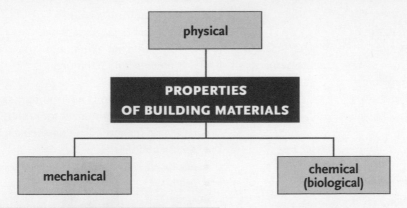

Physical properties of building materials:
- *density*
- *bulk density*
- *tightness*
- *porosity*
- *humidity, moisture*
- *absorptivity, absorbability*
- *hygroscopicity*
- *capillary action, capillary rise of water*
- *permeability*

Właściwości fizyczne materiałów budowlanych:
- *gęstość;*
- *gęstość objętościowa;*
- *szczelność; hermetyczność*
- *porowatość;*
- *wilgotność;*
- *nasiąkliwość*
- *higroskopijność;*
- *podciąganie kapilarne;*
- *przesiąkliwość;*

- frost resistance
- shrinkage
- corrosion resistance
- ageing resistance
- thermal expansion
- thermal conductivity
- heat capacity
- resistance to scaling, heat proof, heat resistance, refractory
- flammability
- toxicity
- capilarity
- diffusivity
- sorption
- fire resistance, fireproofness

- mrozoodporność;
- kurczliwość;
- odporność na korozję;
- odporność na starzenie;
- rozszerzalność cieplna;
- przewodność cieplna;
- pojemność cieplna;
- żaroodporność;
- odporność ogniowa;
- palność;
- toksyczność;
- kapilarność;
- dyfuzyjność;
- sorpcja;
- ogniotrwałość.

Mechanical properties of building materials:

- compression strength, compressive strength
- tension strength, tensile strength
- bending strength
- shear strength
- hardness
- resistance to abrasion, abrasive hardness
- impact resistance
- elasticity
- plasticity
- creep
- viscosity, stickiness, adhesiveness
- ductility
- crispness, fragility
- thixotropy

Właściwości mechaniczne materiałów budowlanych

Do najważniejszych właściwości mechanicznych, które stwierdzono dla materiałów budowlanych należą:

- wytrzymałość na ściskanie,
- wytrzymałość na rozciąganie,
- wytrzymałość na zginanie,
- wytrzymałość na ścinanie,

a także

- twardość (odporność na wgniatanie),
- ścieralność (odporność na ścieranie),
- udarność (odporność na uderzenia),
- sprężystość,
- plastyczność,
- pełzanie,
- lepkość,
- ciągliwość,
- kruchość,
- tiksotropia.

WŁAŚCIWOŚCI CHEMICZNE I BIOLOGICZNE
CHEMICAL AND BIOLOGICAL PROPERTIES

The materials that we use in the construction industry are composed of different chemical compounds. Substances that form parts of the building materials change under the influence of chemical processes. These processes can have:
* *beneficial impact, for example they can increase the durability of the structure*
* *destructive impact*
Ultraviolet radiation, emission of carbon oxides, nitrogen oxides, sulphur and dust may lead to deterioration in the technical parameters of building materials, and as a consequence to the destruction of the whole building. In addition, some building materials are susceptible to biological corrosion. The most vulnerable are wood and wood-based materials. Biological corrosion of a material takes place under the action of living microorganisms, such as bacteria, fungi, molds and insects.

Materiały stosowane w budownictwie składają się z różnych związków chemicznych. Substancje, które wchodzą w skład materiałów budowlanych, ulegają zmianom pod wpływem procesów chemicznych. Procesy te mogą wpływać:
* *korzystnie, np. zwiększać trwałość konstrukcji;*
* *niszcząco.*
Promieniowanie ultrafioletowe, emisja tlenków węgla, tlenków azotu, siarki oraz pyłu mogą prowadzić do pogorszenia parametrów technicznych materiałów budowlanych, a w konsekwencji do zniszczenia całego obiektu budowlanego. Ponadto niektóre materiały budowlane są podatne na działanie korozji biologicznej. Do najbardziej narażonych należą drewno i materiały drewnopochodne. Korozja biologiczna w materiale odbywa się pod wpływem działania mikroorganizmów żywych, na przykład bakterii, grzybów, pleśni oraz owadów.

ZADANIE 1.

Połącz w pary.
Match the pairs.

bending ○	□ strength
compressive ○	□ proof
frost ○	□ density
thermal ○	□ resistance
fire ○	□ conductivity
heat ○	□ action
bulk ○	□ strength
capillary ○	□ capacity

ZADANIE 2.

Opis dachówki – przetłumacz na język polski.
Read the description of \ roof tiles and translate it into Polish.

CERAMIC TILE PROPERTIES

Ceramic tiles are one of the most popular roofing materials. Durability of ceramic tiles is confirmed, and up to 20 years of warranty are ensured by the producer, including frost resistance. Ceramic tiles are non-flammable, with low water absorption and permeability, which affects their high resistance to weathering. Technical parameters of a typical ceramic tile: durability – 25-years warranty, frost resistance – 150 cycles, absorption – 2%, weight – 1.5 kg, non-flammable and waterproof surfaces

_____

_____

_____

_____

_____

_____

_____

_____

ZADANIE 3.

Wstaw jednostki i przetłumacz na język angielski.
Insert the units and translate the terms into English.

NAZWA POLSKA	NAZWA ANGIELSKA	JEDNOSTKA
gęstość	density	kg/m^3
wytrzymałość na ściskanie		
wilgotność		
przesiąkliwość		
porowatość		
ścieralność		

ZADANIE 4.

Dopasuj poniższe cechy do właściwości fizycznych lub mechanicznych.
Put the terms into the appropriate categories.

ductility • hygroscopicity • frost resistance • fire resisting • flexibility • tightness •
resistance to abrasion • shear strength • porosity • tensile strength •
thermal conductivity • creep, impact resistance

PHYSICAL PROPERTIES	MECHANICAL PROPERTIES

15 Grunty budowlane
Building grounds

KEY WORDS – WAŻNE POJĘCIA

agricultural land, farmland grunt rolny

alabaster alabaster

andesite andezyt

angle of internal friction kąt tarcia wewnętrznego

angle of repose, angle of slide kąt stoku naturalnego

anti-skidding, anti-slip, non-skid– antypoślizgowy

argillaceous rock skała ilasta

boulders duże otoczaki

breccia, clastic rock okruchowiec

brittle kruchy

building stonework elements budowlane elementy kamienne

bulk density gęstość objętościowa

calcareous rock skała wapienna

carve wyrzeźbić

chips, breakstone, crushed rock rumosz, gruz skalny

clastic rock skała okruchowa

clay glina

clay soil, argillaceous soil grunt gliniasty

coefficient of permeability wietrzenie, współczynnik infiltracji

coefficient of soil reaction współczynnik podatności gruntu

cohesion spójność

cohesive soil grunt spoisty

compacted soil grunt zagęszczony

compactibility zagęszczalność

compressibility ściśliwość

conglomerate zlepieniec

cut slope skarpa wykopu

dense soil, firm soil grunt zwarty

density index, DI stopień zagęszczenia

density of solid particles gęstość właściwa

detached rock skała sypka

diabase diabaz

ditch wykop, ścianki pochyłe

earth ziemia

embankment, bank nasyp

erosion erozja

eruptive rock, extrusive rock skała wylewna

excavated material urobek, materiał wydobyty

excavation wykop

fill slope skarpa nasypu

filled-up soil, made-up ground grunt nasypowy

flat ground teren płaski

fossil skamieniałość

frost soil, frozen soil grunt zmarznięty

gneiss gnejs

granite granit

granulation uziarnienie

gravel żwir, otoczaki

ground water level poziom wody gruntowej

ground water lowering obniżenie poziomu wody gruntowej

ground water table zwierciadło wody

hard rock skała twarda

humus soil humus, warstwa roślinna

hydraulic conductivity wodoprzepuszczalność

igneous rock skała magmowa

impurities zanieczyszczenia

intrusive rock skała głębinowa

land subsidence zapadanie się gruntu

landslide osuwisko

loam ił

loessial soil grunt lessowy

loose soil, non-cohesive soil grunt sypki

made-up ground (compacted) grunt nasypowy (zagęszczony)

marble marmur

melaphyre melafir

metamorphic rock skała metamorficzna

molten lava stopiona skała z wulkanu

mudstone skały ilaste

natural ground, natural soil, original soil grunt rodzimy, w stanie naturalnym

non-cohesive soil grunt niespoisty

organic soil grunt organiczny

original soil grunt w stanie naturalnym

pit sand piasek kopalny (kopalniany)

plastic soil grunt plastyczny

polish polerować

porphyry porfir

quartzite kwarcyt

railway embankment nasyp kolejowy

rock skała (minerał)

sand piasek

sand derived from crushed gravel piasek łamany (z rozkruszonego żwiru)

sandstone piaskowiec

sandy soil grunt piaszczysty

sedimentary rock skała osadowa

settlement measurement pomiar osiadania gruntu

shale łupek ilasty

shingle żwir gruby

silt pył

silt soil grunt ilasty

slope of ground spadek, pochylenie terenu

slope stability stateczność skarpy

slope, batter, scarp skarpa

slope, embankment skarpa, nasyp

soil compactibility zagęszczalność gruntu

soil compressibility ściśliwość gruntu

soil concrete grunt stabilizowany cementem

soil identification and description badania makroskopowe gruntów

soil moisture wilgotność gruntu

soil stability stabilność gruntu

soil structure struktura gruntu

soil survey badanie gruntu

soil, ground grunt

soil cohesion spoistość gruntu

solid rock skała lita

solid soil grunt lity

stone skała (kamień)

stones kamienie

structure struktura

subsidence osiadanie gruntu

subsoil podłoże gruntowe

surface water woda powierzchniowa

surplus material nadmiar urobku

swelling soil grunt pęczniejący

syenite sjenit

texture tekstura

to level plantować, wyrównać teren

travertine trawertyn

trench wykop, ścianki proste, pionowe

vegetable matter resztki roślinności

volcanic rock skała wulkaniczna

washed natural river sand piasek rzeczny naturalnie płukany

weathered rock skała zwietrzała, miękka

wet ground grunt wodonośny

Building ground is the outer layer or layers of the earth's crust, on which the building object is set. Genetic classification of soil:
- natural – created by geological transformations: ingenious – of local origin, sedimentary – laid down by wind, water and volcanic or glacier activity;
- anthropogenic – resulting from human activities.

Physical properties of soil:
- density,
- bulk density,
- porosity,
- moisture,
- coefficient of permeability,
- granulation (grain size distribution),
- density index – DI (degree of consolidation),
- liquidity index LI.

Mechanical properties of soil:
- compressive strength,
- shear strength,
- compressibility,
- strain (deformation).

Suitability of building soil for construction purposes is determined by the ease of ground works and strength of the soil. The load bearing strength of the soil depends on:
- the type of soil,
- humidity,
- direction of the layer stack,
- layer thicknesses.

The basic mechanical properties of rocks include:
- compressive strength (100 to 300 MPa),
- (abrasibility) abrasion – Boehme method (0.04 ÷ 2.5 cm),
- impact resistance,
- hardness – on the Mohs scale.

Grunty budowlane to zewnętrzna warstwa lub warstwy skorupy ziemskiej, w których osadza się obiekt budowlany. Podział gruntów ze względu na sposób powstania:

- *naturalne – powstałe w wyniku przeobrażeń geologicznych:*
  - *– rodzime – powstałe w miejscu zalegania,*
  - *– naniesione – przez wiatr, wodę, działalność wulkaniczną, lodowcową;*
- *antropogeniczne – powstałe wskutek działalności człowieka.*

Właściwości fizyczne gruntów:

- *gęstość właściwa,*
- *gęstość pozorna,*
- *porowatość,*
- *wilgotność,*
- *współczynnik filtracji (wodoprzepuszczalność),*
- *uziarnienie,*
- *stopień zagęszczenia,*
- *stopień plastyczności.*

Właściwości mechaniczne gruntów:

- *wytrzymałość na ściskanie,*
- *wytrzymałość na ścinanie,*
- *ściśliwość,*
- *odkształcenia.*

Przydatność gruntów do celów budowlanych określana jest przez łatwość wykonywania robót ziemnych oraz zdolność do przenoszenia obciążeń. O przenoszeniu obciążeń decyduje wytrzymałość gruntu, która zależy od:

- *rodzaju gruntu,*
- *wilgotności,*
- *kierunku układu warstw,*
- *grubości warstw.*

Do podstawowych cech mechanicznych skał można zaliczyć:

- *wytrzymałość na ściskanie (100 ÷ 300 MPa),*
- *ścieralność na tarczy Boehmego (0,04 ÷ 2,5 cm),*
- *odporność na uderzenia,*
- *twardość w skali Mohsa.*

TEXTURAL TRIANGLE (FERET TRIANGLE)

A soil textural triangle is used to classify the texture class of soil. The sides of the soil texture triangle are scaled for the percentages of sand, silt, and clay. Clay percentages are read from left to right across the triangle. Silt is read from the upper right to lower left, are sand from lower right towards the upper left portion of the triangle. The intersection of the three sizes on the triangle gives the texture class. For instance, if you have a soil with 25% clay, 60% silt, and 15% sand, it falls in the "silt clay loam" class.

TRÓJKĄT FERETA

Do określania rodzaju gruntu służy trójkąt Fereta. Boki trójkąta określają tekstury gleby i są skalowane w odniesieniu do procentowego udziału piasku, mułu i gliny. Procentowy udział gliny czytamy od lewej do prawej strony trójkąta, iły – od góry z prawej strony do dołu w lewo. Piasek odczytujemy w prawym dolnym rogu, idąc w kierunku górnej części z lewej strony trójkąta. Przecięcia trzech linii w trójkącie dają wynik. Na przykład grunt, w którym jest składający się w 25% z gliny, 60% z pyłu i w 15% z piasku należy do kategorii „pył ilasty".

TEXTURAL / FERET TRIANGLE

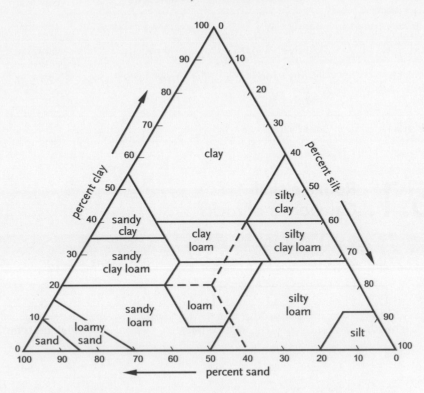

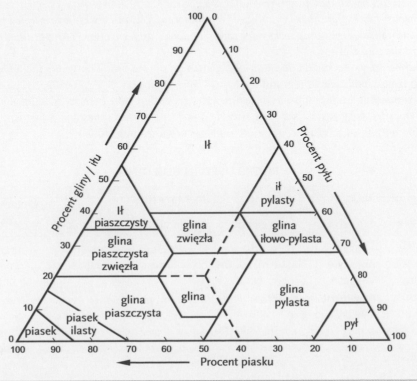

glina	clay	glina ilasta	clay loam
glina piaszczysta	sandy clay	glina pylasta	silty loam
ił piaszczysty	sandy clay loam	ił pylasty	silty clay
piasek ilasty	loamy sand	pył ilasty	silty clay loam
piasek	sand	pył	silt
piasek pylasty	sandy loam		

15.1. Rodzaje skał
Categories of rocks

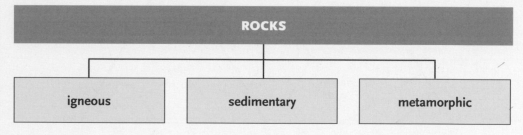

All rocks can be grouped into three major categories:
- *Igneous – rocks that have crystallized from magma. Volcanic rocks have erupted from a volcano, while plutonic rocks have cooled at depth, and are often coarse-grained (granite and diorite).*
- *Sedimentary – rocks laid down as layers, often on the sea bed. This group includes limestone, sandstone and mudstone.*
- *Metamorphic – either igneous or sedimentary rocks that have been recrystallized by the effects of pressure and heat. Marble is metamorphosed limestone, schist is metamorphosed sandstone, and slate is metamorphosed mudstone.*

ROCKS USED IN BUILDING

Igneous rock		Sedimentary rock			Metamorphic rocks
intrusive	extrusive	clastic	organic	chemical	
granite syenite diorite gabbro	basalt porphyry diabase melaphyre andesite	sandstone clastic rock – Brescia sand conglomerate gravel mudstone shale	dolomite limestone	travertine alabaster	marble gneiss quartzite

Wszystkie skały można podzielić na trzy główne kategorie:
- *Skały magmowe, które wykrystalizowały się z magmy wyrzuconej z wulkanów (skały wulkaniczne) albo zastygłej na dużej głębokości (skały głębinowe, plutoniczne), przez co często mają gruboziarnistą strukturę.*
- *Skały osadowe, które osadzały się najczęściej na dnie mórz. Do tej grupy należą wapień, piaskowiec i mułowiec.*
- *Skały metamorficzne (przeobrażone), czyli zarówno magmowe, jak i osadowe skały, które uległy rekrystalizacji pod wpływem dużego ciśnienia i wysokiej temperatury. Marmur jest przeobrażonym wapieniem, a różne odmiany łupka to przeobrażony piaskowiec albo mułowiec.*

ZADANIE 1.

Przeczytaj opis piaskowca – wstaw brakujące słowa.
Read the description of sandstone and fill in the missing words.

Sandstone is a _____ (skała osadowa). _____
(piaskowiec) is soft and easy to handle. It is used in the building industry for decorative
elements, _____ (ogrodzenia), _____
(kominki), and as stone for elevations. The photograph shows sandstone used for building
a stone facade, which has the following technical specifications:

- _____ (gęstość) – 2.70 kg/m^3
- tightness – 0.889
- _____ (porowatość) – 12%
- frost resistance – 25 cycles
- compressive strength – 70 MPa,
- _____ (ścieralność) – Boehme method – 0.64 cm

ZADANIE 2.

Wpisz angielskie nazwy skał.
Write the name of each rock in English.

BELARM: _____

VERTARINE: _____

EITANTG: _____

NESASTND: _____

UARTITEZQ: _____

SEINGS: _____

ZADANIE 3.

Przeczytaj opis marmuru i odpowiedz na pytania.
Read the description of marble and answer the questions.

MARBLE

Marble is a rock widely used in buildings. It consists chiefly of calcite or dolomite, or a combination of these carbonate minerals. Marble is a type of metamorphic rock formed from limestone. As a construction material, marble is easy to use, clean and maintain. Marble tiles can be applied over almost any surface. They can be cut to fit specific measurements and if well applied are perfectly adaptable to humid environments. Marble is a very soft, "somewhat brittle" stone. This means that slabs of marble are relatively easy to carve and polish. Technical data:

- Water absorption: depending on the colour and extraction site, water absorption of 1–3.5%.
- Hardness: marble is a rock of medium hardness. Depending on the colour and type of stone, hardness ranges from 2.5 to 4 on the Mohs scale. In Poland, marbles of hardness mainly between 3.5 and 4 are offered.
- Frost resistance: marble tiles should be used in our climatic conditions inside only.
- Non-skid. Slip resistance: based on the type of plate surface.

1. What is the hardness of marble tiles?

   _____

   _____

2. Can we use marble tiles on the outside?

   _____

   _____

3. Can marble be polished?

   _____

   _____

4. What marble is it?

   _____

   _____

ZADANIE 4.

Jaki to grunt?
What kind of soil is this?

Textural Triangle
- 0% sand, 30% clay and 40% silt

Find 30% along the bottom (sand) line, and follow the slanted line up and to the left. Stop at the horizontal line for 30% of clay, and find the soil type: _____

- 15% sand, 10% clay and 95% silt – _____
- 55% sand, 55% clay, 5% silt – _____
- 80% clay, 70% sand, 10% silt – _____
- 5% clay, 95% sand, 8% silt – _____

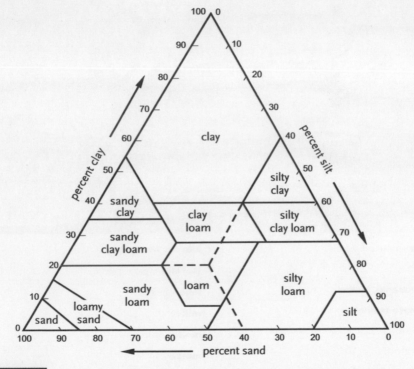

ZADANIE 5.

Dopasuj słowa (1–4) do definicji (A–D).
Match the words (1–4) with the definitions (A–D).

marble ○   □ it is a mix of rock pieces or small rocks (mean diameter greater than 0.08 in or 2 mm)

sand ○   □ a soil – sedimentary material, finer than a granule and coarser than silt, with grains between 0.06 and 2.0 millimeters in diameter

gravel ○   □ a metamorphic rock, used especially in architecture and building for (floors, walls, fireplaces)

alabaster ○   □ a finely granular variety of gypsum, used for ornamental objects or work

16 Cement
Cement

KEY WORDS – WAŻNE POJĘCIA

air binder spoiwo powietrzne

ash popiół

binding material, binder spoiwo

blast-furnace cement cement hutniczy

blending mieszanie, sporządzanie mieszanki

cement cement

cement class, class of cement klasa cementu

cement factory cementownia

clinker zastygły żużel, klinkier

crusher kruszarka

fast-setting portland cement cement portlandzki szybkowiążący

grind zmielić

high-grade portland cement wysokogatunkowy cement portlandzki

high-quality cement cement wysokogatunkowy

hydraulic binder spoiwo hydrauliczne

kiln piec przemysłowy

(to) kiln wypalać, suszyć

lime wapno

mill młyn

molten roztopiony

mortar zaprawa

non-shrinking cement cement bezskurczowy

Portland cement cement portlandzki

pozzolana cement, pozzolanic cement cement pucolanowy

quarry kamieniołom

raw material surowiec

shipment załadunek, wysyłka towaru

slag cement cement żużlowy

standard specification cement cement normowy

types of cements rodzaje cementów

Cement is a powdery substance made of lime and clay, mixed with water to form mortar or mixed with sand, gravel, and water to make concrete. Cement is a hydraulic or air binder, which is obtained by grinding cement clinker with special additives. Classification of cement and cement components is shown in the diagram below.

Cement to proszkowata substancja składająca się z wapna i gliny, którą miesza się z wodą w celu utworzenia zaprawy lub łączy z piaskiem, żwirem i wodą w celu uzykania betonu. Cement może być spoiwem hydraulicznym lub powietrznym. Otrzymuje się go przez mielenie klinkieru cementowego wraz ze specjalnymi dodatkami. Klasyfikację cementów i jego komponentów pokazano na rysunku poniżej.

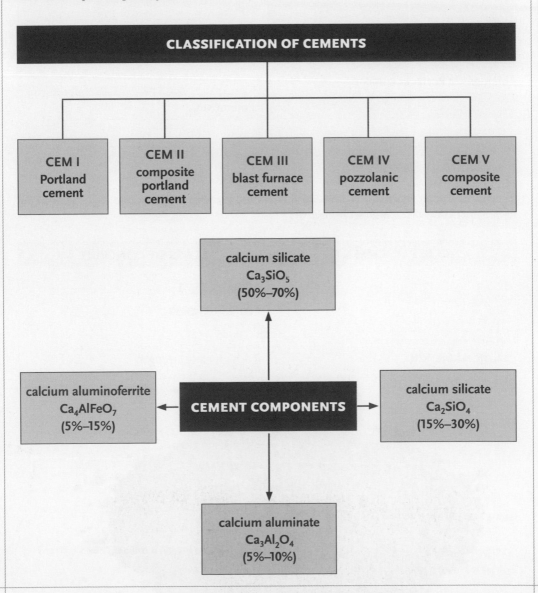

CLASSIFICATION OF CEMENTS

CEM I
Portland cement

CEM II
composite portland cement

CEM III
blast furnace cement

CEM IV
pozzolanic cement

CEM V
composite cement

calcium silicate
Ca_3SiO_5
(50%–70%)

calcium aluminoferrite
Ca_4AlFeO_7
(5%–15%)

CEMENT COMPONENTS

calcium silicate
Ca_2SiO_4
(15%–30%)

calcium aluminate
$Ca_3Al_2O_4$
(5%–10%)

ZADANIE 1.

Uzupełnij tabelę.
Fill in the table.

grind	
	popiół
monter	
	cement żużlowy
clinker	
	wapno
air binder	
	kruszanka
high-grade Portland cement	
	cementownia

According to Polish Standard PN-EN 206-1 – the class of cement depending on the required class of concrete

Zgodnie z Polską Normą PN-EN 206-1 – klasa wytrzymałości cementu w zależności od wymaganej klasy wytrzymałości betonu

CLASS OF CEMENT	CLASS OF CONCRETE
32.5	C8/10 – C35/45
42.5	C20/25 – C40/50
52.5	>C35/45
32,.5R, 42.5R, 52R	R – high early strength

16.1. Produkcja cementu
Cement production

SCHEMAT CEMENTOWNI
CEMENT FACTORY DIAGRAM / SCHEME

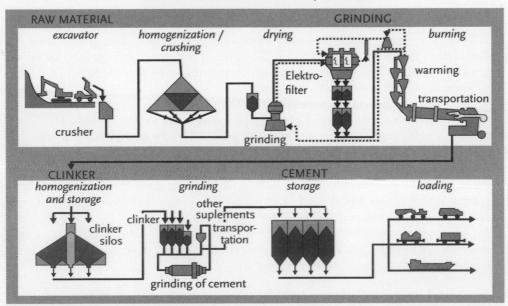

1. *Quarry – excavator of raw material: limestone, clay, sand etc.*
2. *Rock blasted from the quarry face is transported to the primary crusher (the size of a baseball) and a secondary crusher (size of gravel).*
3. *Proportioning, blending and grinding – the raw materials are analyzed in the plant laboratory, and blended in the proper proportion. Plants grind the raw materials, and after grinding the material is ready for the kiln or preheater.*
4. *Preheat tower – the preheat tower supports a series of vertical cyclone chambers through which the raw materials pass on their way to the kiln.*
5. *Kiln – from the preheater, the raw material enters the kilns. It slides and tumbles down the kiln through progressively hotter zones towards the flame. At the lower end of the kiln, fuels such as powdered coal and natural gas feed a flame that reaches 1,870°C (3,400°F) – one-third of the temperature of the sun's surface.*
6. *Clinker – this intense heat triggers physical and chemical changes. At the lower end of the kiln, the raw materials emerge as a new substance – red hot particles called clinker.*
7. *Clinker cooling – the clinker tumbles onto a great cooler fed by air. Once cooled, the clinker is ready to be ground into the grey powder known as Portland cement.*
8. *Mill – the clinker is ground in a ball mill – a horizontal steel tube filled with steel balls. As the tube rotates, the steel balls tumble and crush the clinker into a super-fine powder. The cement is so fine it will easily pass through a sieve that is fine to hold water. A small amount of gypsum is added during final grinding to control the set.*
9. *Silos and transport – from grinding mills, the cement is conveyed to silos where it awaits shipment. Most cements are shipped in bulk by trucks and rail.*

1. *Kamieniołom – wydobycie surowców: wapień, glina, piasek itp.*
2. *Skały wydobyte z kamieniołomu są transportowane do pierwszego kruszenia (do wielkości piłki baseballowej), a następnie do powtórnego kruszenienia (do rozmiaru żwiru).*
3. *Dozowanie, mieszanie i szlifowanie – surowce są analizowane w laboratorium zakładowym. Surowce miesza się w odpowiednich proporcjach. Następnie miele się je, a po zmieleniu ładuje do pieca lub wieży wstępnego ogrzewania.*
4. *Wieża wstępnego ogrzewania – składa się z kilku pionowych komór, przez które surowce przechodzą w drodze do pieca.*
5. *Piec – po wstępnym ogrzewaniu surowiec wprowadza się do pieca. Osuwa się on w dół w kierunku coraz gorętszych stref bliżej płomienia. W dolnej części pieca takie paliwa, jak sproszkowany węgiel i gaz ziemny, dają płomień o temperaturze 1870°C (3400°F), co stanowi jedną trzecią temperatury powierzchni Słońca.*
6. *Klinkier – wysoka temperatura powoduje fizyczne i chemiczne zmiany. W dolnej części pieca surowce pojawiają się jako nowa substancja, czyli czerwone, gorące cząstki zwane klinkierem.*
7. *Chłodzenie klinkieru – klinkier jest chłodzony powietrzem. Po ochłodzeniu jest gotowy do zmielenia, w wyniku którego powstaje szary proszek nazywany cementem portlandzkim.*
8. *Młyn – klinkier miele się w młynie kulowym (poziome rury ze stali nierdzewnej są wypełnione kulkami). Kiedy rura się obraca, kulki stalowe uderzają w cząstki klinkieru i miażdżą je, tworząc bardzo drobny proszek. Cement jest już tak drobny, że łatwo będzie przechodził przez sito i chłonął wodę. Podczas mielenia dodaje się niewielką ilość gipsu.*
9. *Magazynowanie i transportowanie – z młyna cement jest przenoszony (np. taśmociągami) do silosów, gdzie czeka na transport. Większość cementów jest dostarczana luzem np. samochodami, pociągami.*

Correctly described bag of cement
- *full name of the cement, according to the standard*
- *manufacturer's name and address*
- *CE marking, compliance with standards*
- *unit number*
- *certificate number*
- *weight of cement*
- *warranty period provided by the manufacturer*
- *a warning sign X, together with information about the conditions of maintaining the reduction of chromium (VI)*

Poprawnie opisany worek cementu:
- *pełna nazwa cementu zgodnie z normą,*
- *nazwa i adres producenta,*
- *znak CE zgodnie z normami,*
- *numer jednostki,*
- *numer certyfikatu,*
- *waga cementu,*
- *okres gwarancji określony przez producenta.*
- *znak ostrzegawczy X wraz z informacjami na temat warunków utrzymania redukcji chromu.*

ZADANIE 1.

Wstaw brakujące słowa.
Fill in the missing words.

stones • mortar • ash • brick • limestone • lime • cement • materials •
cementing materials

CEMENT HISTORY

Throughout history, _____ have played a vital role.
They were used widely in the ancient world. The Egyptians used calcined gypsum as
cement. The Greeks and Romans used _____ made by heating _____ and
added sand to make _____, with coarser stones for concrete. The Romans
found that _____ could be made which set under water and this was used for the
construction of harbours. The cement was made by adding crushed volcanic _____ to
lime and was later called a "pozzolanic" cement, named after the village of Pozzuoli near
Vesuvius. In places such as Britain, where volcanic ash was scarce, crushed _____ or
tile was used instead. The Romans were therefore probably the first to manipulate the
properties of cementitious _____ for specific applications and situations.

HISTORIA CEMENTU

*Przez całe dzieje człowieka materiały wiążące stosowane w murarstwie odgrywały ważną rolę.
Znane były powszechnie już w świecie antycznym. Egipcjanie jako cement wykorzystywali
palony gips. Grecy i Rzymianie używali w tym celu wapna wytworzonego w wyniku
ogrzewania skał wapiennych i dodawania do nich piasku. Wapno, aby je zagęścić i utwardzić,
mieszali z kamieniami. Uzyskiwali w ten sposób zaprawę murarską. Rzymianie odkryli,
że konstrukcje budowlane wykorzystujące cement odporne są na działanie wody. Można
więc było go stosować do budowy portów. Cement wytwarzano, dodając do wapnia zmielony
pył wulkaniczny. Ten rodzaj cementu nazwano „pozzolanicznym". Określenie to pochodzi
od nazwy wioski Pozzoli położonej u stóp wulkanu Wezuwiusz. Jednak w takich regionach
jak Brytania, gdzie pył wulkaniczny nie był dostępny, używano do tego celu pokruszonych
cegieł lub płytek ceramicznych. Prawdopodobnie Rzymianie jako pierwsi stosowali
kombinacje różnych proporcji składników cementu, by dopasować go do określonych
potrzeb i zastosowań.*

ZADANIE 2.

Przetłumacz nazwy wykonywanych czynności na język polski.
Translate the activities into Polish.

to finish grinding – _____

to make mortar – _____

to set under water – _____

to crush brick – _____

to cool clinker – _____

to excavate raw materials – _____

ZADANIE 3.

Przeczytaj definicje i podaj angielskie słowa, które one definiują.
Read the definitions and write the words.

- _ _ w _ _ _ _ _ _ _ _
  the basic material from which a product is made, often natural resources such as oil, iron, stones
- _ u _ _ _ _
  a place from which stone or other materials are or have been extracted
- _ _ _ s _   _ _ r _ _ _ _   c _ _ _ _ _ _
  e.g. CEM III
- _ y _ _ _ _ _ _ _   _ _ n _ _ _
  a material that hardens under water, e.g. cement

ZADANIE 4.

Jakie informacje zamieszczono na worku z cementem?
What information is given on the bag of cement?

_____

_____

_____

_____

_____

_____

_____

_____

_____

_____

_____

_____

_____

_____

17

Beton
Concrete

KEY WORDS – WAŻNE POJĘCIA

acidproof concrete beton kwasoodporny

addiments domieszki

additives dodatki

aggregate kruszywo

animal fat tłuszcz zwierzęcy

batching ustalanie proporcji składników, dozowanie

binder spoiwo

boulders, cobbles otoczaki

carbon dioxide dwutlenek węgla

cast-in-situ concrete, in—situ concrete beton produkowany na miejscu budowy

cellular concrete, aerated concrete beton komórkowy

chalk kreda

chips, breakstone, crushed rock tłuczeń, kruszywo łamane

coarse aggregate kruszywo grube

compaction zagęszczanie

components of concrete składniki betonu

concrete beton

concrete dam tama betonowa

concrete flowerpot doniczka betonowa

concrete mix mieszanka betonowa

concrete mixer betoniarka

concrete strength after 28 days wytrzymałość betonu po 28 dniach

consistency konsystencja

cracking of concrete pękanie betonu

creep pełzanie

curing pielęgnacja, hartowanie

curing of concrete pielęgnowanie betonu

cylindrical samples próbki walcowe

dense concrete, heavy concrete beton ciężki

drainage concrete beton drenażowy

durability trwałość

exposed concrete beton licowy

fine aggregate kruszywo drobne

fly ash popiół lotny

grading curve krzywa przesiewu

grain ziarno

grain size wielkość ziarna

graining, grading, grain composition krzywa granulometryczna, uziarnienie

gravel żwir

hand compaction zagęszczanie ręczne

hardened concrete beton stwardniały

internal vibrator, immersion vibrator wibrator pogrążalny, wgłębny

iron żelazo

lean concrete beton chudy

ligtweight (light) concrete beton lekki

limestone wapień

mechanical vibrator wibrator mechaniczny

normal concrete beton monolityczny

ordinary concrete beton zwykły

pebbles kamyki

permeability przepuszczalność

plain concrete beton niezbrojony

poker vibration wibrator buławowy

precast concrete beton prefabrykowany

prestressed concrete beton sprężony

process of hydration hydratacja

ready-mixed concrete beton towarowy mieszany w czasie transportu

recipe for concrete, recipe for concrete mix receptura mieszanki betonowej

recycled concrete beton recyklingowy

refractory concrete beton ogniotrwały

reinforced concrete, ferroconcrete beton zbrojony, żelbet

rod pręt

rubble gruz skalny, rumosz

sand piasek

shale łupki

shingle gruby żwir

shotcrete concrete beton natryskowy

shrinkage skurcz

single fraction concrete beton jednofrakcyjny

slag żużel

slag concrete beton żużlowy

slump test próba opadu

steel mesh siatka stalowa

stone kamień

stress naprężenie

surface vibrator wibrator powierzchniowy

test cubes, cube samples próbki sześcienne

types of concrete rodzaje betonu

vibration wibrowanie

vibrator beam listwa wibracyjna

volume batching dozowanie objętościowe

water woda

water-cement ratio współczynnik wodno-cementowy

watertight concrete, waterproof concrete beton wodoszczelny

weight batching dozowanie wagowe

workability of concrete urabialność betonu

Concrete is made up of three basic components: water, aggregate (sand, gravel etc.) and cement. Cement, usually in powder form, acts as a binding agent when mixed with water and aggregates. Furthermore, to improve the concrete parameters, additives and admixture are used.

Beton składa się z trzech podstawowych składników: wody, kruszywa (piasku, żwiru itd.) i cementu. Cement, zazwyczaj w postaci proszku, służy jako środek wiążący po zmieszaniu z wodą i kruszywem. Ponadto w celu poprawy konkretnych parametrów stosuje się dodatki i domieszki.

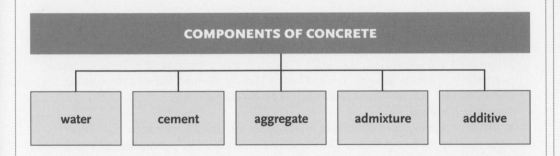

COMPONENTS OF CONCRETE

- water
- cement
- aggregate
- admixture
- additive

CLASS OF CONCRETE

Class of concrete – the quality and type of concrete, expressed as the symbol Cxx/yy, where:
xx – is the characteristic compressive strength in MPa of cylindrical samples with a diameter of 15 cm and a height of 30 cm;
yy – is the characteristic compressive strength in MPa of cubical samples sized 15×15×15 cm.

KLASA WYTRZYMAŁOŚCI BETONU

Klasa betonu – określenie jakości i typu betonu wyrażone symbolem Cxx/yy, gdzie:
xx – wytrzymałość charakterystyczna w MPa przy ściskaniu próbki walcowej o średnicy 15 cm i wysokości 30 cm;
yy – wytrzymałość charakterystyczna w MPa przy ściskaniu próbki sześciennej o wymiarach boków 15×15×15 cm

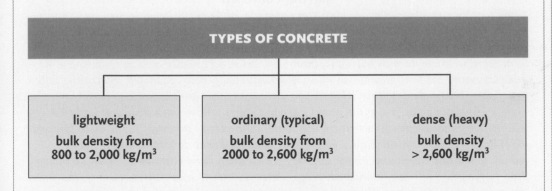

TYPES OF CONCRETE

- **lightweight**
  bulk density from
  800 to 2,000 kg/m³
- **ordinary (typical)**
  bulk density from
  2000 to 2,600 kg/m³
- **dense (heavy)**
  bulk density
  > 2,600 kg/m³

HISTORY OF CONCRETE

Concrete is a man-made building material that looks like stone. Combining cement with aggregate, sufficient water and additives makes concrete. Water allows it to set and binds the materials together. Concrete is reinforced with the use of rods or steel mesh before it is poured into moulds. Concrete was used for the first time in Rome. This material was essentially used in aqueducts and roadway construction in Rome. It was a combination of a number of materials. The concrete mix consisted of small gravel and coarse sand mixed with hot lime and water, and sometimes even animal blood. The Romans used horsehair to prevent shrinkage. Other nations also used different binding materials:

the Babylonians used clay as the binding material and the Egyptians are believed to have used lime and gypsum cement for concrete.

However, only Romans are known to have made wide usage of concrete for building roads (they built 5,300 miles of concrete roads). Concrete is a very strong building material, and it has a high compressive strength. It is well known that the Romans also used pozzuolana, and animal fat, milk and blood as admixtures for building concrete.

Some historical facts.

- 300 BC – Romans used slaked lime and volcanic ash called pozzuolana, found near Pozzouli by the bay of Naples. They used lime as a cementitious material. Animal fat, milk, and blood were used as admixtures.
- 125 – Romans used concrete in the Pantheon.
- 1756 – John Smeaton, a British engineer, rediscovered hydraulic cement through repeated testing of mortar in both fresh and salt water.
- 1836 Germany – the first systematic testing of concrete. The test measured the tensile and compressive strength of concrete.
- 1859–1867 – portland cement used in the construction of the London sewer system
- 1886 England – the first rotary kiln was introduced that made constant production of cement possible.
- 1891 USA – George Bartholomew constructed the first concrete street.
- 1961 USA – the first concrete dome in a sport structure was completed.

We should not look back. Concrete is a modern substance known as the strongest buildings material for highways, dams, buildings and many different kinds of building and constructions.

HISTORIA BETONU

Beton to sztuczny materiał budowlany, który wygląda jak kamień. Beton tworzy się łącząc, cement z kruszywem, odpowiednią ilością wody i dodatkami. Woda umożliwia powiązanie surowców. Beton może być wzmocniony za pomocą prętów lub siatki stalowej, które wkłada się do form przed wlaniem do nich mieszanki betonowej. Beton po raz pierwszy zastosowano w Rzymie. Używany był tam głównie do budowy akweduktów i dróg. Stanowił mieszaninę kilku materiałów. Mieszanka betonowa składała się z drobnego żwiru i gruboziarnistego piasku zmieszanego z wapnem i wodą, a czasami nawet z krwią zwierząt. Rzymianie dodawali też końskiego włosia, aby zapobiec zjawisku skurczu w betonie. Inne narody stosowały różne materiały wiążące: Babilończycy używali gliny, a Egipcjanie zaczęli dodawać do betonu wapno i gips.

Jednak to właśnie Rzymianie znani są z tego, że na dużą skalę zastosowali beton do budowy dróg (wykonali 5300 mil betonowych dróg). Beton to mocny materiał budowlany, ma dużą wytrzymałość na ściskanie. Powszechnie wiadomo, że Rzymianie używali również cementu pucolanowego, a także domieszek w postaci tłuszczu zwierzęcego, mleka i krwi. Niektóre fakty historyczne:

- 300 p.n.e. – Rzymianie zastosowali wapno gaszone oraz popiół wulkaniczny (tzw. pucolana), znaleziony w pobliżu Pozzuoli nad Zatoką Neapolitańską. Użyli wapna jako spoiwa. Zastosowali domieszki w postaci tłuszczu zwierzęcego, mleka i krwi.
- ok. 125 n.e. – Rzymianie użyli betonu przy budowie Panteonu w Rzymie.
- 1756 – John Smeaton, brytyjski inżynier, wynalazł cement hydrauliczny, przeprowadzając wiele testów zachowania zaprawy w wodzie zarówno słodkiej, jak i słonej.
- 1836 – w Niemczech wykonywano pierwsze systematyczne badania betonu. Badano jego wytrzymałość na ściskanie i rozciąganie.
- 1859–1867 – przy budowie systemu kanalizacji Londynu zastosowano cement portlandzki.

- *1886 – w Anglii do produkcji cementu wykorzystano po raz pierwszy piec obrotowy.*
- *1891 – w USA George Bartholomew wybudował pierwszą betonową ulicę.*
- *1961 – w USA wybudowano pierwszą betonową kopułę w budowli przeznaczonej do uprawiania sportu.*

Nie powinniśmy patrzeć wstecz. Beton jest nowoczesnym materiałem, znanym jako najmocniejszy materiał do budowy autostrad, zapór, budynków i wielu innych rodzajów konstrukcji.

ZADANIE 1.

Przeczytaj tekst i zaznacz, czy podane poniżej stwierdzenia są prawdziwe, czy fałszywe.
Read the text and choose the correct answer (true or false).

PROPERTIES OF CONCRETE

Concrete essentially has a high level of compression strength, while the tensile strength of concrete is relatively weak. It can crack under its own weight and needs to be reinforced. It is generally reinforced using rods or fibre and steel mesh. The determining factor for strength is related to:

- the proportion and ratio of water and cement
- the type of cement used
- the strength of aggregate used
- the types of admixtures and additives

Generally, concrete made using a lower water-cement ratio makes a stronger concrete than when higher ratios are used. Normally, a 28-day compressive strength testing is done to achieve desired workability. The 28-day test for compressive strength is achieved by determining the right quantity of cement required in the water-cement ratio. Workability of concrete means the ability of concrete to fill the mould appropriately. It is observed that workability can be considerably improved by increasing the quantity of water, or with the usage of plasticizer. On the other hand, more water content can lead to segregation, which can result in poor quality of concrete formation. The curing is a very important process that keeps concrete intact by providing an appropriate environment. Another important thing is that concrete needs to be protected from shrinkage. Important parameters of concrete which should be taken into consideration are: curing, cracking, hydration, hardening, durability etc.

These general properties are taken into account during building with concrete. Depending upon the final / target application, concrete is accordingly treated for maximum strength or durability

1. Concrete made using a lower water-cement ratio makes stronger concrete than when higher ratios are used.   R / F
2. More water content in concrete leads to segregation.   R / F
3. Concrete has better tensile than compressive strength.   R / F
4. Freezing of concrete before curing improves its compressive strength.   R / F
5. Cracking of concrete begins at micro level.   R / F

ZADANIE 2.

Połącz w pary.
Match the pairs.

fly ash ○   □ wibrator wgłębny

consistency ○   □ trwałość

single fraction concrete ○   □ popiół lotny

slag concrete ○   □ beton żużlowy

internal vibrator ○   □ beton jednofrakcyjny

shrinkage ○   □ konsystecja

durability ○   □ skurcz

ZADANIE 3.

Podpisz rysunki po angielsku.
Look at the pictures and write the English terms.

Zniszczenie betonu

Badanie betonu

Ścieranie – tarcza Boehmego

Elementy prefabrykowane żelbetowe

ZADANIE 4.

Opisz po polsku składniki betonu.
Describe the components of concrete in Polish.

| **CEM II**
320 kg | **water**
182 kg | **sand**
0–2 mm
728 kg | **gravel**
2–16 mm
1115 kg | **admixture**
3.20 kg |

ZADANIE 5.

Uzupełnij tabelę.
Fill in the table.

concrete flowerpot	
	dozowanie objętościowe
curing of concrete	
	żużel
additions	
	piasek
grading curve	
	wielkość ziarna
water-cement ratio	
	wapień
refractory concrete	

18   Domieszki i dodatki do betonu
Concrete admixtures and additives

KEY WORDS – WAŻNE POJĘCIA

accelerating admixtures domieszki przyspieszające

addiments domieszki

additives dodatki

air-entraining admixtures domieszki napowietrzające

alkali-silica reactivity inhibitors inhibitory reakcji alkalia-krzemionka

chemical admixtures domieszki chemiczne

colouring admixtures domieszki barwiące

corrosion inhibitors inhibitory korozji

flowing concrete betony o konsystencji płynnej

ground granulated blast-furnace slag granulowany żużel wielkopiecowy

hydration-control admixtures domieszki umożliwiające regulację czasu wiązania

longer lasting structures trwałe struktury

mineral additives dodatki mineralne

permeability przepuszczalność

plasticizers plastyfikatory

retarding admixtures domieszki opóźniające

shrinkage reducers domieszki redukujące skurcz

silica fume pył krzemionkowy (SF)

slag żużel

strength wytrzymałość

superplasticizers superplastyfikatory

water-reducing admixtures domieszki redukujące ilość wody

workability urabialność

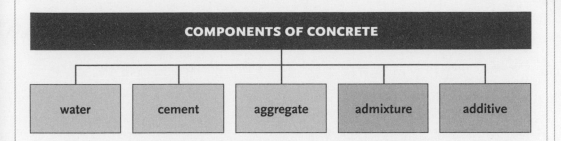

Admixtures are ingredients other than water, aggregates, hydraulic cement, and fibres that are added to the concrete batch immediately before or during mixing. They fall into two categories: mineral and chemical. Mineral additives are usually added to concrete in larger amounts to enhance the workability of fresh concrete; to improve the concrete's resistance to thermal cracking, its alkali-aggregate expansion and to enable a reduction in the cement content. Examples include:

- SF – silica fume;
- fly ash;
- slags (ground granulated blast-furnace slag).

Mineral additives have a positive effect on several features of concrete. These properties must include:
- increase of initial and final strength;
- low permeability to gases and liquids;
- increased resistance to chemical corrosion;
- increased frost resistance.

Chemical admixtures modify the properties of hardened concrete, reduce the cost of construction, ensure quality of concrete during mixing, transporting, placing or curing. Admixtures can be classified by function as follows:
- air-entraining admixtures;
- water-reducing admixtures;
- plasticizers and superplasticizers;
- accelerating admixtures;
- retarding admixtures;
- hydration-control admixtures;
- corrosion inhibitors;
- shrinkage reducers;
- alkali-silica reactivity inhibitors;
- colouring admixtures;
- miscellaneous i.e. admixtures influencing workability, binding, damp-proofing or reducing permeability

Domieszki to składniki inne niż woda, kruszywo, cement hydrauliczny czy włókna, które dodaje się do betonu bezpośrednio przed mieszaniem lub podczas. Dzielą się na dwie kategorie: mineralne i chemiczne. Domieszki mineralne są zwykle dodawane do betonu w dużych ilościach w celu zwiększenia urabialności świeżego betonu, poprawy jego wytrzymałości na skurcz termiczny, alkalicznej ekspansji i możliwości zmniejszenia zawartości (ilości) cementu. Przykładami są:

- SF – pył krzemionkowy;
- popiół lotny;
- żużle (żużel wielkopiecowy).

Dodatki mineralne mają pozytywny wpływ na kilka cech betonu. Właściwości te muszą obejmować:

- wzrost wytrzymałości początkowej i końcowej;
- niską przepuszczalność dla gazów i płynów;
- zwiększoną odporność na korozję chemiczną;
- wzrost mrozoodporności.

Domieszki chemiczne mogą modyfikować właściwości stwardniałego betonu, zmniejszają koszty budowy, poprawiają jakość betonu podczas mieszania, transportu, układania lub wiązania. Pod względem funkcji można je podzielić na:

- napowietrzające;
- redukujące ilość wody;
- plastyfikatory i superplastyfikatory;
- domieszki przyspieszające;
- domieszki opóźniające;
- kontrolery uwodnienia mieszanek;
- inhibitory korozji;
- reduktory skurczu;
- inhibitory reakcji alkalia-krzemionka;
- domieszki barwiące;
- różne inne domieszki, takie jak poprawiające urabialność lub wiązanie, izolujące, albo zmniejszające przepuszczalność.

SHORT DESCRIPTION OF SOME ADMIXTURES
Krótka charakterystyka kilku domieszek

Retarding admixtures: they are used to delay the rate of concrete setting. Retarders can be used:
- in hot weather to prevent early hardening;
- to increase working life, especially when used in conjunction with superplasticizers;
- to allow placing of large pouring of concrete over several hours;
- to extend the time between mixing and placing (e.g. for long transport time);
- to prevent setting of the concrete in the truck in case of delay

Water-reducing admixtures: they are used to reduce the quantity of mixing water required to produce concrete of a certain class, to reduce the water-cement ratio, or to reduce cement content. Water-reducing works as follows:
- It reduces the amount of fresh water used in the production of concrete.
- It creates more durable, longer-lasting structures.
- Mixture proportions require less cement for equivalent workability, strength and durability.
- Lower cement contents result in lower CO_2 emissions and energy usage per volume of concrete produced.

Accelerating admixtures increase the rate of early strength development, reduce the time required for proper curing and protection, and speed up the start of finishing operations. Accelerating admixtures are especially useful for modifying the properties of concrete in cold weather.

Domieszki opóźniające: są używane do spowolnienia procesu wiązania betonu. Opóźniacze mogą być stosowane:

- *w czasie upałów, aby zapobiec zbyt szybkiemu wiązaniu;*
- *w celu wydłużenia czasu pracy, zwłaszcza gdy są stosowane w połączeniu z superplastifikatotrem;*
- *w celu umożliwienia zabetonowania dużej powierzchni w ciągu kilku godzin;*
- *w celu wydłużenia czasu między mieszaniem i układaniem (np. długi czas transportu);*
- *w celu uniemożliwienia zastygnięcia betonu w samochodzie w przypadku opóźnień*

Domieszki redukujące ilość wody są stosowane w celu zmniejszenia ilości wody zarobowej, potrzebnej do wytworzenia betonu o wymaganej klasie, w celu zmniejszenia stosunku wody do ilości cementu lub zmniejszenia zawartości cementu. Domieszki tego typu:

- *zmniejszają ilość wody zużywanej do produkcji betonu;*
- *tworzą trwalsze i dłużej utrzymujące się struktury;*
- *ograniczają ilość cementu niezbędnego do uzyskania odpowiedniej urabialności, wytrzymałości i trwałości;*
- *poprzez ograniczenie zawartości cementu zmniejszają emisję CO_2 i zużycie energii niezbędnej do wyprodukowania betonu.*

Domieszki przyspieszające zwiększają tempo wczesnego wzrostu wytrzymałości, zmniejszają czas potrzebny do prawidłowego dojrzewania i ochrony, przyspieszają rozpoczęcie prac wykończeniowych. Są szczególnie przydatne do modyfikowania właściwości betonu w niskich temperaturach.

ZADANIE 1.

Ułóż słowa z liter i przetłumacz na polski.
Unscramble the words and translate them into Polish.

H I N B I T O R I: _____

F Y L H A S: _____

Y W O R A B I I L K T: _____

L A S P I I T C Z R E: _____

A G E K I N R H S: _____

X T U R E A M I D: _____

ZADANIE 2.

Przeczytaj tekst i wstaw brakująca słowa.
Read the text and fill in the missing words.

Advantages of using an air-entraining admixture:

- Reduced _____ (segregacja)
- Increased watertightness
- Improved resistance to _____ (zniszczenie) from cyclic freezing and thawing
- Improved resistance to scaling from deicing salts
- Improved _____ (plastyczność) and workability

- Reduced permeability
- Improved resistance to the destructive effects of salt

The corrosion-inhibiting _____ (domieszka) is formulated to inhibit the corrosion of steel reinforced concrete. Advantages of using the corrosion inhibitor include:

- Extended service life of _____ (konstrukcji żelbetowych)
- Corrosion protection by slowing the ingress of chlorides and _____ (wilgoć) into the concrete and forming a strong, durable protective film on the reinforcing steel
- Effectiveness in concrete elements where cracking occurred causing direct access of corrosion to the _____ (stal zbrojeniowa)
- Increased sulfate resistance

ZADANIE 3.

Połącz w pary.
Match the pairs.

air-entraining admixture ○   □ wzrost szczelności
increase watertightness ○   □ popiół lotny
improved workability ○   □ stosunek w/c
accelerating admixture ○   □ domieszka napowietrzająca
SF ○   □ poprawa urabialności
water-cement ratio ○   □ domieszka przyspieszająca
fly ash ○   □ pył krzemionkowy

19 Kruszywa
Aggregates

KEY WORDS – WAŻNE POJĘCIA

abrasion resistance, resistance to abrasion odporność na ścieranie

absorption nasiąkliwość

aggregate kruszywo

basalt rock skała bazaltowa

broken stone, breakstone tłuczeń

building aggregate, construction aggretgate kruszywo budowlane

cinder aggregate kruszywo żużlowe

coarse aggregate kruszywo grube

content of foreign matter zawartość zanieczyszczeń obcych

content of flat and elongated particles zawartość cząstek płaskich i wydłużonych

content of mineral dust zawartość pyłów mineralnych

fine aggregate kruszywo drobne

fraction frakcja

grading curve, screening curve, size distribution krzywa przesiewu

grain ziarno

grain shape, particle shape kształ ziaren (cząstek)

grain size wielkość ziarna

graining, grading, grain composition krzywa granulometryczna, uziarnienie

granite granit

granulation, grain size, grading uziarnienie

gravel żwir

grit grys

key aggregate, angular stone kliniec

limestone wapień

magma-rock, igneous rock, magmatic rock skała magmowa

multiple-size aggregate kruszywo sortowane

pavement nawierzchnia, chodnik

paving for roads nawierzchnia drogowa

quartzite kwarcyt

raw rock surowiec skalny

rock skała

rounded aggregate kruszywo otoczakowe

sand piasek

sandy gravel, all-ups pospółka

sedimentary rock skała osadowa

sieve sito

sieve analysis analiza sitowa

sifting przesiew

single-sized aggragate kruszywo jednofrakcyjne

skid resistance szorstkość, odporność na poślizg

slag żużel

slate łupek

stone kamień

sulphur content zawartość związków siarki

surface moisture wilgotność powierzchni

surface texture struktura powierzchni

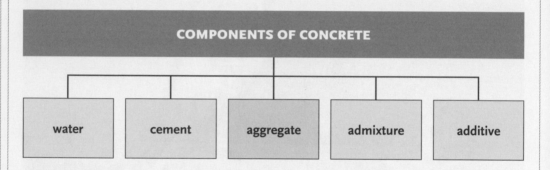

COMPONENTS OF CONCRETE

| water | cement | aggregate | admixture | additive |

The fine powdery natural material (sand, gravel), manufactured material (slag) or broken components (grits, key aggregate) are called building aggregates. There are different types of aggregates, for exemple, natural aggregates extracted from sands and gravel mines, or from the bottom of lakes or rivers. Depending on the raw rock and the method of production, of building aggregates are divided into the following groups:

- *natural aggregate – aggregate from mineral source which has been subject to nothing more than physical processing (crushing and sizing, e.g sand);*
- *manufactured aggregate – aggregate of mineral origin resulting from an industrial process involving thermal or other modification (e.g. slag);*
- *recycled aggregate – aggregate resulting from the processing of inorganic materials previously used in construction (e.g demolition waste).*

Kruszywo to drobny naturalny materiał (np. piasek, żwir), materiał wytworzony (np. żużel) lub kruszywo łamane (np. grysy, kliniec). Istnieją różne rodzaje kruszyw. Kruszywa naturalne wydobywa się z kopalni piasku i żwiru lub z dna jezior i rzek. W zależności od surowca (rodzaju skał) i metody produkcji kruszywa budowlane dzielimy na:

- *naturalne – kruszywo ze źródeł mineralnych, które poddano tylko fizycznemu przetwarzaniu (np. piasek kruszony);*
- *sztuczne (produkowane) – kruszywo pochodzenia mineralnego powstałe w wyniku procesu przemysłowego obejmującego termiczną lub inną modyfikację (np. żużel);*
- *z recyklingu – kruszywo powstałe w wyniku przetworzenia materiałów nieorganicznych już wcześniej zastosowanych w budownictwie (np. z rozbiórki).*

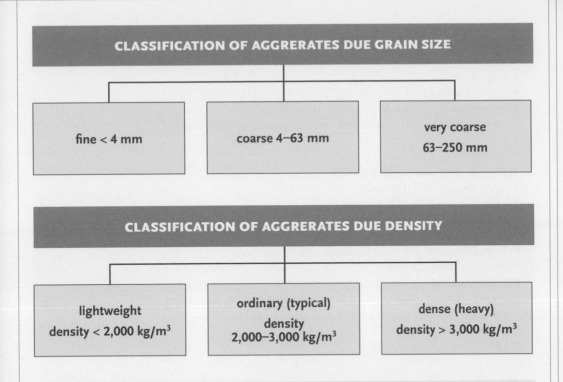

CLASSIFICATION OF AGGRERATES DUE GRAIN SIZE

| fine < 4 mm | coarse 4–63 mm | very coarse 63–250 mm |

CLASSIFICATION OF AGGRERATES DUE DENSITY

| lightweight density < 2,000 kg/m³ | ordinary (typical) density 2,000–3,000 kg/m³ | dense (heavy) density > 3,000 kg/m³ |

Building aggregates is the name for the fine materials, whether natural or artificial, which are used for making mortars and concretes. Given the origin, construction aggregates can be divided into:
- natural aggregates (sand, gravel),
- aggregate materials (slag, shale),
- recycled aggregate,
- broken aggregate (chippings, crushed).

Kruszywa budowlane to nazwa dla drobnego materiału pochodzenia naturalnego lub sztucznego, który jest używany do produkcji zapraw i betonów. Ze względu na pochodzenie kruszywa budowlane można podzielić na:
- kruszywa naturalne (żwir, piasek),
- kruszywa sztuczne (żużel, łupki),
- kruszywa z recyklingu,
- kruszywa rozdrobnione (gruz, tłuczeń).

Depending on their use in the construction industry, the following aggregates may be distinguished:
- aggregate for concrete (gravel, sand),
- aggregate for rail (key aggregate, crushed aggregate),
- road aggregate (a mixture of igneous and sedimentary rocks, gravel),
- and aggregates for other uses.

Building aggregates must meet certain requirements. The basic parameters determining the suitability of aggregates for construction are:
- grain size,

- strength of the rocks,
- content of flat and elongated particles (grain),
- the content of mineral dust and foreign matter,
- absorption,
- frost resistance,
- the content of sulphur and chlorine compounds.

Characteristics that are considered when selecting aggregate include:

- grading,
- durability,
- particle shape and surface texture,
- abrasion and skid resistance,
- absorption and surface moisture

The main uses of aggregate include:

- producing / manufacturing concrete;
- base course material used as foundation for roads;
- maintaining railway lines;
- repairing roads;
- manufacturing concrete products such as blocks, pipes and paving;
- making paving for roads, airport runways and port facilities;
- drainage and filtration;
- lanscaping – in gardens.

W zależności od zastosowań w przemyśle budowlanym można wyróżnić następujące kruszywa:

- do betonu (żwir, piasek),
- dla kolejnictwa (kliniec, kruszywo łamane, kruszone),
- dla drogownictwa (mieszanina skał magmowych i osadowych, żwir),
- do innych zastosowań.

Kruszywa budowlane muszą spełniać określone wymagania. Podstawowe parametry określające przydatność kruszyw w budownictwie to m.in.:

- wielkość ziarna,
- wytrzymałość skał,
- zawartość płaskich i wydłużonych cząstek (ziaren),
- zawartość pyłu (kurzu) i ciał obcych,
- absorpcja,
- mrozoodporność,
- zawartość związków siarki i chloru.

Cechy, które bierze się pod uwagę przy wyborze kruszywa, to m.in.:

- uziarnienie,
- trwałość,
- kształt cząstek i tekstura powierzchni,
- odporność na ścieranie,
- wchłanianie wilgoci z powierzchni.

Główne zastosowania kruszywa to:

- produkcja betonu;
- wykonywanie podkładu pod nawierzchnię dróg;
- utrzymanie linii kolejowych;
- remonty dróg;
- produkcja elementów betonowych, takich jak bloczki, rury i płyty chodnikowe;

- *wykonywanie nawierzchni dróg, płyt lotniskowych i obiektów portowych;*
- *drenaż i filtracja;*
- *wykonywanie elementów architektury krajobrazu w ogrodach.*

ZADANIE 1.

Przeczytaj tekst i przetłumacz wyróżnione fragmenty.
Read the text and translate the distinguished phrases.

GRADING – SIZE DISTRIBUTION

The particle size distribution of aggregates is called grading. To obtain a grading curve for aggregate, sieve analysis has to be conducted. The commonly used sieve designation is as follows: 0.063, 0.125, 0,25, 0,5, 1, 2, 4, 8, 16, 31.5 and 63 mm.
Sample grading curve for aggregates recycling – author's study.

FINE AGGREGATE GRADING SIEVE

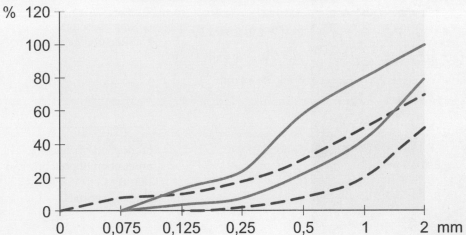

Selecting the aggregate grading should be guided by the principle that coarse aggregate was possible. Too large a fraction of fine (sand) in a mixture of aggregates leads to an unjustified increase in demand for cement (worsening economic conditions for production of concrete) and water. This causes the deterioration of many of the characteristics of hardened concrete.

ZADANIE 2.

Przeczytaj tekst w tabeli i odpowiedz w języku polskim, do czego używamy poszczególnych kruszyw.

Read the text in the table and write (in Polish) for which applications can the aggregates be used.

	uziarnienie grading	zastosowanie application
	Gravel 2–4, 4–8, 8–16, 16–31.5 mm	production of concrete for monolithic and prefabricated construction
	Grits 0–4; 2–6.3; 6.3–12.5; 12.5–20; 2–8; 8–11; 11–16; 8–16; 16–22 mm	infrastructures: roads, railway buildings, architecture: gardens
	Sand 0–2, 2–4 mm	production of concrete production of prefabricated elements building mortar

ZADANIE 3.

Przeczytaj ofertę kopalni i przetłumacz ją na język polski.

Read the mine's offer and translate it into Polish.

XYZ mine is one of Europe's oldest. Its history dates back to the seventeenth century. Our company offers a wide range of aggregates: fine and coarse ones. Our mine extracts unique basaltic rocks with the following parameters:

- compressive strength – 345 MPa
- density – 3.200 g / cm
- absorption – 0.12%
- frost resistance – 0.15%
- resistance to abrasion – 6%.

_____
_____
_____
_____
_____
_____
_____
_____
_____
_____
_____
_____
_____
_____
_____
_____
_____
_____
_____
_____

ZADANIE 4.

Wstaw brakujące słowa.
Insert the missing words.

AGGREGATE FOR CONCRETE

Aggregates are inert granular materials such as _____ (piasek), _____ (żwir) , or crushed stone that, along with water and portland cement, are an essential ingredient in concrete. For a good concrete mix, aggregates need to be _____ (czyste), hard, with strong particles free of absorbed chemicals or coatings of clay and other fine materials that could cause the deterioration of concrete. Aggregates, which account for 60 to 75 percent of the total volume of _____ (beton), are divided into two distinct categories-_____ (drobne) and coarse. Fine aggregates generally consist of natural sand or crushed stone with most particles passing through a 3/8-inch (9.5-mm) _____ (sito). Coarse aggregates are any particles greater than 0.19 inch (4.75 mm), but generally range between 3/8 and 1.5 inches (9.5 mm to 37.5 mm) in _____ (średnica). Gravels constitute the majority of coarse aggregates used in concrete, with crushed stone making up most of the remainder.

20

Fundamenty
Foundations, footing

KEY WORDS – WAŻNE POJĘCIA

battered pile pal ukośny

bottom of foundation spód fundamentu

caisson keson

cast-in-situ concrete pile pal betonowany
na miejscu

CFA (Continuous Flight Auger) pile pale PFS
formowane świdrem

concrete foundation, concrete footing fundament
betonowy

concrete pile pal betonowy

**continuous footing, continuous foundation, strip
footing** ława fundamentowa

dam zapora

deep foundation posadowienie głębokie

depth of the foundation głębokość posadowienia

earth dam zapora ziemna

elastic foundation fundament sprężysty

end bearing pile pal stojący

foundation slab, slab foundation, mat foundation
płyta fundamentowa

foundation, footing fundamenty

friction pile pal zawieszony

gravity wall masywna ściana oporowa

groundbreaking rozpoczęcie wykopów
pod fundament

imbed osadzać w podłożu

landslide osunięcie ziemi

(to) lay a foundation kłaść fundamenty

palisade palisada

pile pal

pile foot stopa pala

pile foundation fundament palowy

pile head głowica pala, oczep pala

pile point ostrze pala

pile shank trzon pala

piling parcie od dołu, palowanie, posadowienie na palach

precast pile pal prefabrykowany

reinforcement concrete footing fundament żelbetowy

reinforcement concrete pile pal żelbetowy

retaining wall ściana oporowa, mur oporowy

rigid foundation fundament sztywny

sand pile pal piaskowy

screw pile pal wiercony

settling osiadanie

shallow foundation, flat foundation posadowienie płytkie

sheet wall piling ścianka szczelna

skin pobocznica pala

slurry wall ściana szczelinowa

spot footing, base of foundation stopa fundamentowa

stabilize stabilizować, utwardzać

steel pile pal stalowy

stone foundation, stone footing fundament kamienny

sunk well foundation fundament studniowy, studnia

timber pile pal drewniany

uplift pressure wypór

The foundation is a structural element that passes the total building load to the subsoil. Foundations can be divided according to several criteria, one of them should be the depth of the foundation. Taking into account this factor we have:
- *shallow foundations: footing, continuous footing, plate;*
- *deep foundations: piles, sunk well.*

Fundament to element konstrukcyjny, który przenosi obciążenie z budynku na grunt. Fundamenty mogą być sklasyfikowane ze względu na wiele kryteriów. Biorąc pod uwagę głębokość posadowienia, rozróżniamy.
- *fundamenty płytkie: stopy, ławy, płyty;*
- *fundamenty głębokie: pale, studnie.*

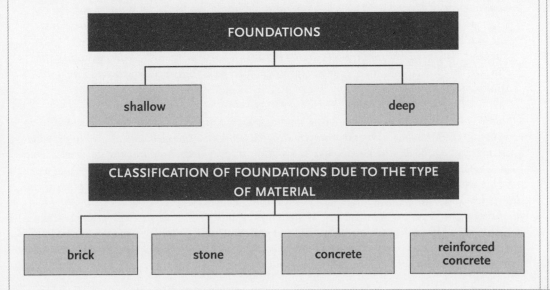

20.1. Przykład fundamentu
An example of a foundation

- vertical damp-proof insulation
- thermal insulation
- drain
- continuous foundation, footing
- foundation wall
- gravel
- soil
- horizontal damp-proof insulation

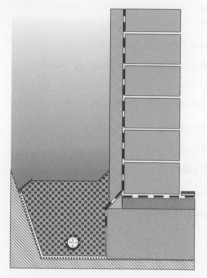

- izolacja przeciwwilgociowa pionowa
- izolacja termiczna
- drenaż
- ława fundamentowa
- ściana fundamentowa
- żwir
- grunt
- izolacja przeciwwilgociowa pozioma

20.2. Pale fundamentowe
Pile foundation

Nowadays, more and more designs are completed on the low strength soils. This imposes the need for complicated, expensive and deep foundations. In many cases, the soil conditions prevent the execution of a traditional foundation because of its insufficient strength, external loads working too much, the proximity of neighbouring buildings, or too high groundwater level. In situations where land carriers are at great depth, it becomes uneconomic to carry out deep excavations and a foundation system for a direct bearing layer. In such cases, the intermediate, deep foundations are applicable since they transmit the load to deeper soil layers, not only by their base, but especially through the side surfaces. These foundations include driven precast concrete piles, drilled, formed using the "in situ" method, a column of cement – groundwater, wells, diaphragm walls and a piles group called the palisades.

Obecnie coraz więcej projektów realizuje się na glebach o niskiej wytrzymałości. Pociąga to za sobą konieczność budowy skomplikowanych, drogich fundamentów głębokich. W wielu przypadkach warunki glebowe uniemożliwiają wykonanie tradycyjnego fundamentu ze względu na niedostateczną wytrzymałość, zbyt duże obciążenia zewnętrzne, bliskość sąsiednich budynków lub zbyt wysoki poziom wód gruntowych. W sytuacji, gdy nośne warstwy gruntu znajdują się na dużej głębokości, nieopłacalne staje się wykonywanie głębokich wykopów i bezpośrednie sadowienie fundamentów na warstwie nośnej. W takich przypadkach stosuje się elementy przenoszące obciążenia na głębsze warstwy ziemi, nie tylko za pośrednictwem podstawy, lecz także powierzchni bocznych. Takie fundamenty tworzą prefabrykowane lub drążone i odlewane na miejscu betonowe pale, ściany szczelinowe i zespoły pali zwane palisadami.

PALE FORMOWANE ŚWIDREM PFS
CFA PILE – CONTINUOUS FLIGHT AUGER

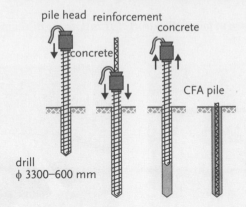

ZADANIE 1.

Połącz w pary.
Match the pairs.

to lay a ○   □ head
concrete ○   □ foundation
sheet wall ○   □ concrete pile
sunk ○   □ piling
foundation ○   □ well foundation
gravity ○   □ pile
pile ○   □ slab
screw ○   □ footing
cast in situ ○   □ wall

ZADANIE 2.

Opisz po angielsku elementy zaznaczone na rysunku poniżej.
Write the names of each element in English.

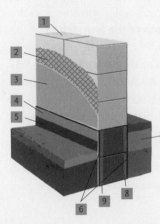

1. ściana z pustaków _____

2. siatka i warstwa kleju _____

3. tynk _____

4. izolacja przeciwwilgociowa pozioma _____

_____

5. folia kubełkowa _____

6. izolacja przeciwwilgociowa pionowa _____

_____

7. podkład betonowy _____

8. ściana betonowa _____

9. izolacja termiczna _____

ZADANIE 3.

Przeczytaj krótki opis robót fundamentowych i przetłumacz wyróżnione fragmenty na język polski.
Read the short description of foundation works. Translate the distinguished fragments of the text into Polish.

Preparation of the trench and lean concrete base

Preparation of reinforcement

Steel bars and stirrups

Preparation for concreting

FOUNDATION WORK

Foundation works are considered to be time-consuming and expensive in the process of **erecting the building**. They begin with pictures of the top layer of soil – humus and the implementation of the trench to the appropriate depth. **The depth of the foundation** of the building, depends on the **depth of frozen** soil and ranges from 80 to 140 cm according to the Polish standards, depending on the region. The most typical **single-family home** has a foundation of concrete benches, cast directly into the ground. Additionally, arming helps them to be more resistant to differential settlement of the land. After levelling of the **trench** bottom, we lay the lean concrete base – approx. 10 cm, then prepare **excavations** or form and arrange **reinforcement**. The main reinforcement consists of four bars of 10–12 mm in diameter, stirrups connected to a wire with a **diameter** of 5–6 mm at a **distance** of about 30 cm. The next stage is pouring in a **mixture of concrete** and reinforcement compaction and maintenance of concrete. Then, vertical and horizontal **damp-proof insulation** is laid **to prevent water from entering the building**.

_____
_____
_____
_____
_____
_____
_____

ZADANIE 4.

Połącz słowa (1–6) z definicjami (A–F).
Match the words (1–6) with the definitions (A–F)

1. caisson
2. deep foundation
3. pile
4. trench
5. damp-proof insulation
6. continuous footing

a) a course of some impermeable material laid in the foundation walls of a building near the ground to prevent dampness from rising into the building
b) a box that is filled with concrete, a type of foundation
c) a long slender column usually of timber, steel, or reinforced concrete driven into the ground to carry a vertical load
d) the type of foundations that can be used to transfer loads to a deeper soil layer
e) a long cut in the ground
f) a type of foundation supporting a wall or two or more columns

1.	2.	3.	4.	5.	6.

ZADANIE 5.

Jaki to fundament? Podpisz rysunki w języku polskim.
What types of foundations are these? Write in Polish.

1. _____
2. _____
3. _____
4. _____

1.   2.   3.   4.

21

Stropy
Ceilings (floors)

KEY WORDS – WAŻNE POJĘCIA

beam belka

beam and block floor, rib-and-slab floor strop gęstożebrowy

beam and slab floor strop płytowo-żebrowy

beam-and-plate floor (ceiling) strop belkowo--płytowy

beam-framed floor, beam floor strop belkowy

ceiling panel płyta sufitowa

cold floor strop nieocieplony

column słup

concrete overlay, concrete topping nadbeton

cross rib żebro poprzeczne

curling, buckling, slab faulting klawiszowanie stropu

dead load obciążenie stałe

fire-resistance floor strop przeciwpożarowy

flat (slab) floor construction strop płaski

flat roof stropodach

flat slab floor, mushroom slab strop grzybkowy

floor slab płyta stropowa

floor, ceiling strop

formwork, shuttering deskowanie

groined slab strop rusztowy

hollow core floor unit płyta stropowa kanałowa

hollow core slab płyta kanałowa

hollow panel płyta wielootworowa

intermediate ceiling strop międzykondygnacyjny

large-size floor strop wielkopłytowy

lintel nadproże

live load obciążenie użytkowe

longitudinal rib żebro podłużne

lowered ring beam wieniec obniżony

permissible load obciążenie dopuszczalne

REI fire protection rating related to load bearing / integrity / insulation odporność ogniowa w minutach (R nośność, E szczelność, I izolacyjność)

reinforced-brick arched floor strop ceglany zbrojony

reinforced-tile arch floor strop ceramiczny zbrojony

rib, web, fin żebro

ribbed floor strop żebrowy

ring, ring beam wieniec

scaffolding rusztowanie

self-compacting concrete beton samozagęszczalny

slab płyta

slab floor (ceiling) strop płytowy

solid panel płyta pełna

span rozpiętość

stiffen usztywniać

stiffening rib żebro usztywniające

support podpora

thermoinsulated floor strop ocieplony

tray ceiling, coffered ceiling strop kasetonowy

unloading rozładunek

useful permissible load dopuszczalne obciążenie użytkowe

vault rib żebro sklepienia

vaulted floor strop sklepiony

The floor (ceiling) is the upper interior (overhead) surface of a room. The floor (ceiling) has three basic functions:
- *to carry dead load and live loads on to the bearing elements*
- *to stiffen the building*
- *to create a heat-insulating, soundproof and fireproof barrier between storeys of the building.*

Classification of floors (ceilings) can be made taking into account several aspects. The following classifies ceilings due to:
- *type of construction materials: wood, steel, steel-ceramic, steel-concrete, reinforced concrete and ceramic-reinforced concrete, prestressed concrete;*
- *location of the building: the basement, between floors, the attic;*
- *method of realization: monolithic, prefabricated, mixed;*
- *type of structure: beam-framed floor (beam floor), beam-and-plate, slab floor, beam and slab floor, beam and block floor, groined slab, flat slab floor (mushroom slab);*
- *resistance to fire: flammable and nonflammable.*

Strop (sufit) to górna, wewnętrzna powierzchnia pomieszczenia. Strop spełnia trzy podstawowe funkcje:
- *przenosi obciążenia własne i obciążenia użytkowe na elementy nośne;*
- *usztywnia budynek;*
- *tworzy przegrodę ciepłochronną, dźwiękochłonną i ognioodporną pomiędzy kondygnacjami budynku.*

Podziału stropów można dokonać, biorąc pod uwagę kilka aspektów. Stropy dzielimy ze względu na:
- *rodzaj materiału konstrukcyjnego: drewniane, stalowe, stalowo-ceramiczne, stalowo-betonowe, żelbetowe i ceramiczno-żelbetowe, z betonu sprężonego;*
- *położenie w budynku: nad piwnicami, między kondygnacjami, na poddaszu;*
- *sposób wykonania: monolityczne, prefabrykowane, monolityczno-prefabrykowane;*
- *rodzaj konstrukcji: belkowe, belkowo-płytowe, płytowe, płytowo-żebrowe, gęstożebrowe, rusztowe, grzybkowe;*
- *odporność ogniową: palne i niepalne.*

21.1. Stropy gęstożebrowe
Beam and block ceilings

In residential construction the most popular are beam and block ceilings, which occur in many varieties. The space between the ribs is up to 90 cm and it is filled with blocks: concrete, ceramic, etc. Disadvantages of beam and block ceilings:
- labour intensity (large amount of work),
- the possibility of (slab) faulting,
- limited permissible loads

The advantages of beam and block ceiling:
- relatively low construction costs,
- availability of materials,
- easy to transport,
- easy to assemble,
- ability to mount manually,
- it does not require a complete formwork.

W budownictwie jednorodzinnym najpopularniejsze są stropy gęstożebrowe, które występują w wielu odmianach. Odległość między żebrami wynosi maksymalnie 90 cm. Przestrzeń tę wypełnia się pustakami betonowymi, ceramicznymi itp. Wady stropów gęstożebrowych:
- pracochłonność,
- możliwość wystąpienia klawiszowania,
- ograniczone dopuszczalne obciążenia.

Zalety stropów gęstożebrowych:
- stosunkowo niskie koszty budowy,
- dostępność materiałów,
- łatwy transport,
- łatwy montaż,
- możliwość ręcznego montażu,
- nie wymaga całkowitego deskowania.

21.2. Płyty kanałowe
Hollow core slabs (prestressed concrete floor)

Hollow core slabs are precast, pre-stressed concrete floor elements. They are mainly used in construction, that is in residential, public or industrial buildings. Hollow core slabs are immune to fire with two levels of fire resistance REI 90 and REI 120 minutes. Application of hollow core slabs saves up to 50% of concrete as compared to traditional slabs. Hollow core slabs derive their name from the circular voids or cores which are present throughout the slab. The advantages of pre-stressed concrete floor slabs are as follows:
- *very big span,*
- *speedy installation (fast construction),*
- *good acoustic insulation,*
- *light weight structures,*
- *the possibility to carry big loadings with small deadload,*
- *flexible in design.*

Płyty kanałowe to prefabrykowane płyty z betonu sprężonego, stosowane głównie w budownictwie o funkcji mieszkalnej, w budynkach użyteczności publicznej i obiektach przemysłowych. Płyty kanałowe mają odporność ogniową na poziomie REI 90 i REI 120 minut. Zastosowanie płyt kanałowych oszczędza do 50% betonu w porównaniu z tradycyjnymi płytami. Zalety płyt kanałowych z betonu sprężonego są następujące:
- bardzo duże rozpiętości,
- szybki montaż (szybka budowa),
- dobra izolacja akustyczna,
- lekkie konstrukcje,
- możliwość przenoszenia dużych obciążeń przy niewielkim ciężarze własnym,
- elastyczność w projektowaniu.

ZADANIE 1.

Typowe elementy stropu gęstożebrowego – podaj nazwy po angielsku.
Elements of a typical beam and block floor (ceiling) – write the names of elements in English.

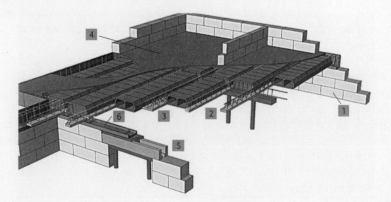

1. ściana _____
2. belka nośna – żebro _____
3. pustak ceramiczny _____
4. nadbeton _____
5. nadproże _____
6. wieniec _____

ZADANIE 2.

Oferta handlowa dotycząca stropu XYZ – wstaw brakujące słowa.
Trade offer for an XYZ floor (ceiling) – fill in the gaps.

The core of the system is a prefabricated _____ (belka) and a hollow block, rib-and-_____ (płyta) floor – XYZ (span up to 8.6 metres). This innovative solution makes it possible to use our flooring systems on single and composite walls, regardless of the applied materials. External and internal reinforced cement concrete beam fittings are produced with the use of the technology of self-compacting _____ (beton). This revolutionary solution guarantees safety while installing a floor. It also saves time and simplifies a _____ (wieniec) installation by eliminating the time-consuming and expensive shuttering or a brick setting of a ring beam. Moreover, our flooring system lets you eliminate outer installation support and the span of a ring beam reinforcement. The flooring system enables you to build a lowered ring beam without bolting a floor and guarantees a uniformly distributed _____ (obciążenie) on the _____ (ściana).

ZADANIE 3.

Opis stropu ABC – przeczytaj tekst i uzupełnij informacje w tabeli na następnej stronie.
Description of the ABC floor – read the text and complete the information in the table on the next page.

These floors consist of thin precast reinforced concrete slabs of the so-called lost boarding (thickness 4.5 to 7 cm), additional reinforcements and a concrete overlay poured on the construction site up to the total height which is foreseen in the construction project. The slabs are produced with a length of up to 2.40 m and a width of up to 12 m. They can be of any shape, for example rectangular, triangular, circular; they can also have openings. The openings must be taken into account at the stage of designing the floor. The weight of 1 m² of slabs is from 125-145 kg. The slabs can be laid on walls, binding joists, poles and suspended on neighbouring slabs.
The advantages of ABC-type floors are:
- speedy and easy installation and unloading from a lorry,
- lower construction height as compared with multi-rib floors,
- owing to smooth and even slabs, less plastering of the ceiling is required,

- making cuttings and openings possible,
- lower capital costs of making the floor,
- good isolation properties,
- useful permissible load even over 10 kN.

weight of 1 m² the slab	
span	
thickness	
useful permissible load	

ZADANIE 4.

Połącz w pary.
Match the pairs.

ring-beam ○   □ The surface of a room on which you can stand. A storey or level of a building

span ○   □ Flooring or roofing for single and multi-storey developments, slabs with circular voids and cores

vault ○   □ A horizontal structural member, such as a beam or stone, that spans an opening, as between the uprights of a door or window or between two columns or piers

hollow core slab ○   □ A beam around the house to prevent it from spreading collapsing, as it stiffens the structure.

lintel ○   □ A space between two points of a ceiling, bridge or roof

floor ○   □ An arched structure, usually of masonry or concrete, serving to cover a space. A room or space, such as a cellar or store room, with arched walls and ceilings, especially when underground

22 Dachy
Roofs

KEY WORDS – WAŻNE POJĘCIA

aluminium foil folia aluminiowa

arch roof dach łukowy

bituminous tile dachówka bitumiczna

blow-off pipe, drain pipe, rainwater pipe, down pipe rura spustowa

bonding agent lepiszcze

bonet roof dach półszczytowy

capping zwieńczenie kalenicy

cement tile, concrete tile dachówka cementowa

ceramic tile dachówka ceramiczna

chimney sheet, chimney flashing obróbka blacharska komina

concave roof dach wklęsły

corrugated sheet blacha falista

crimped tile dachówka falista

cut roof dach naczółkowy

damp proofing izolacja przeciwwilgociowa

dispersion of bitumen dyspersja bitumiczna

dome, cupola, domed roof kopuła

domed roof dach kopulasty

double-pitched roof, gable roof, ridge roof dach dwuspadowy

drainage odwodnienie

eave okap

eternit, asbestos-cement roofing material eternit

five-ply felt papa pięciowarstwowa

flashing kołnierze

flashing, roof work obróbka blacharska

flat roof stropodach

flat roof, deck roof dach płaski

flexuous falisty

fluted sheet blacha fałdowa trapezowa

form, shape kształt

gable szczyt, dwuspadowy

galvanized steel sheet blacha stalowa ocynkowana

gambrel roof dach dwuspadowy (nachylenie dolne jest bardziej strome)

girder roof dach belkowy

glass tile dachówka szklana

gutter flashing pas podrynnowy

heat insulation, thermal insulation izolacja termiczna

heat weldable roofing membrane, thermo weldable roofing paper papa termozgrzewalna

hip roof dach czteropołaciowy

hipped roof dach czterospadowy

impreganted felt papa impregnowana

interlocking tile dachówka zakładkowa

inverted flat roof stropodach odwórcony

joint flashing połączone kołnierze

joint połączenie

labour cost koszt robocizny

ladder drabina

lay insulation paper ułożenie papy izolacyjnej

lay roof felt ułożenie papy dachowej

lay thermal insulation ułożenie izolacji termicznej

leads in odprowadzenie

loft poddasze, strych

mansard roof dach mansardowy

membrane, protective coat powłoka ochronna

metal sheet blacha

molten bitumen bitumy na gorąco

mono-pitched roof, lean-to roof, pent roof, shed roof dach jednospadowy, dach pulpitowy

multislope roof dach wielopołaciowy

non-ventilated flat roof stropodach pełny

pantile dachówka esówka, holenderka

payment schedule harmonogram płatności

piramidal roof dach kopertowy (namiotowy)

pitch for roofing lepik dachowy

plain tile dachówka karpiówka

planking, skin plates opierzenie

polyethylene sheet folia polietylenowa

polyurethane sheet folia poliuretanowa

protective geotextile geowłóknina ochronna

PVC foil folia z PCV

rainwater system kanalizacja deszczowa

reed thatch strzecha z trzciny

ridge kalenica

ridge capping zwieńczenie kalenicy

ridge roof, double slope roof dach dwupołaciowy

ridge tile gąsior

roll roofing, felt roofing pokrycie dachu z papy

Roman tile dachówka rzymska, klasztorna

roof dach

roof bridges obrzeża dachu

roof deck podkład

roof felt, roofing paper papa

roof flashing, flashing obróbka blacharska

roof gully flashing obróbka blacharska wpustu dachowego

roof gutters rynny

roof pitch pochylenie dachu

roof sheet płyta dachowa

roof structure, rafter framing więźba dachowa

roof trimming wykończenie dachu (ozdabianie)

roof truss kratownica

roofing covering, roofing pokrycia dachowe

roofing felt shingle gont papowy

roofing felt, roof asphalt paper papa dachowa

roofing poszycie dachowe

roofing slate, roof slate łupek dachowy

roofing tile dachówka

sawtooth roof dach pilasty

sealing compound masa uszczelniająca

sealing tape taśma uszczelniająca

shavings wióry

shed roof, flat monopitch, pent-roof dach płaski jednospadowy

sheet arkusz

sheet copper blacha miedziana

sheet zinc blacha cynkowa

shingle gont

skylight roof dach ze świetlikiem

slate dachówka łupkowa

sloping, steep spadzisty

snow fence płotek przeciwśniegowy

snow guards for roof płotek śnieżny, zabezpieczenie przed śniegiem na dachu

spanish tile dachówka mnich-mniszka

steel roofing pokrycie dachu z blachy

steep roof dach stromy

straw thatch strzecha słomiana

suspension roof dach wiszący

tent roof, pavilion roof dach namiotowy

terms of the warranty warunki gwarancji

thatched roof strzecha

tile roof, tile roofing pokrycie dachu dachówką

tile-like sheet, metal sheet tiles blachodachówka

underlay foil folia podkładowa

uninsulated roof dach nieocieplony

valley flashing wyłożenie kosza blachą

valley kosz

valley tile dachówka koszowa

vapour barrier paroizolacja

ventilated flat roof stropodach wentylowany

ventilated roof dach wentylowany

verge trims pas podrynnowy

water proofing izolacja przeciwwodna

waterproof plywood sklejka wodooporna

waterproofing membrane membrana wodoszczelna

wood shingle gont drewniany

Roof is the structure forming the upper covering of a building. A roof protects the building and its contents from the effects of weather (wind, heat, sunlight, rain, snow). There are many factors that are taken into consideration when selecting a roofing system. These include:
- *appearance and shape,*
- *legal condition,*
- *building permit – slope of the roof,*
- *weather conditions – wind and snow resistance,*
- *fire resistance,*
- *impact resistance.*

Dach jest strukturą tworzącą górną osłonę budynku. Chroni budynek i jego wnętrze przed skutkami pogody (wiatr, ciepło, światło słoneczne, śnieg, deszcz). Istnieje wiele czynników, które są brane pod uwagę przy wyborze systemów dachowych, a należą do nich:
- *wygląd i kształt,*
- *stan prawny,*
- *kąt nachylenia dachu przewidziany w pozwoleniu na budowę,*
- *warunki klimatyczne (odporność na wiatr i śnieg),*
- *odporność ogniowa,*
- *odporność na uderzenia.*

22.1. Rodzaje dachów
Types of roofs

Roof with ox's eye
dorner
(dach z lukarną wole
oko)

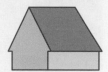

Gable roof
(dach dwuspadowy
– szczytowy)

Bonet roof
(dach półszczytowy)

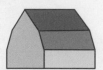

Gambrel roof
(dach dwuspadowy
z nachyleniem dolnym
bardziej stromym)

Roof with a double
dorner
(dach z podwójną
lukarną)

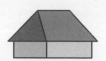

Hip roof
(dach czterospadowy)

Cut roof
(dach naczółkowy)

Mansard roof
with a tip
(dach mansardowy
z czubem)

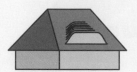

Roof with an oval
dorner
(dach z lukarną
owalną)

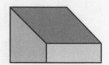

Shed roof
(dach jednospadowy)

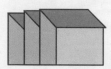

Shed roof
(dach jednospadowy
szeregowy)

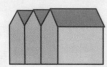

Gable roof
(dach dwuspadowy
szeregowy)

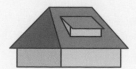

Roof with a shed
dorner
(dach z lukarną
jednospadową)

Mansard roof
(dach mansardowy)

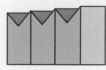

Butterfly roof
(dach motylkowy /
wklęsły)

Intersecting roof
(dach krzyżowy)

A hip roof *slopes down to the eaves on all four sides.*

Połacie **dachu czterospadowego** *opadają ku krawędziom ze wszystkich czterech stron.*

Gable roof – *a very triangular roof; the gable allows rain and snow to run off easily.*

Dach dwuspadowy *ma trójkątny przekrój. Dzięki dwóm opadającym od szczytu połaciom bez trudu spływa z niego deszcz i osuwa się śnieg.*

Mansard roof. *This type of roof is made up of four slopes, two on each side of the home. The lower slope is a steeper, more vertical slope than the upper slope. This style of roofs allows for additional living space or storage space at the top of the house.*

Dach mansardowy *składa się z czterech połaci (po dwie z obu stron domu). Połacie dolne są o wiele bardziej strome niż połacie górne. Taki typ dachu gwarantuje dodatkową powierzchnię mieszkalną lub magazynową na najwyższej kondygnacji domu.*

Saltbox. *It is an asymmetrical long pitched roof with one short side and one very long side. The saltbox roof is a gable roof that was originally developed as a way to add usable living space to a single-family home.*

Dach siodłowy *to asymetryczny dach dwuspadowy z jedną krótką i jedną bardzo długą połacią. Zaczęto go stosować w celu zwiększenia powierzchni mieszkalnej w budynkach jednorodzinnych.*

Pyramid roof. *As the name suggests, this is a type of roof that is shaped like a pyramid. This type of roof is usually used on small structures such as a garage or pool house.*

Flat roofs *are also known as low-pitch roofs. A flat roof is horizontal or nearly horizontal The main drawback is that this type of roof requires more maintenance than other roofs in large part because debris will gather on the roof with nowhere to go.*

Dach piramidowy (namiotowy). *Jak sama nazwa wskazuje, ten typ dachu został ukształtowany na podobieństwo piramidy (namiotu). Z reguły stosuje się go w niewielkich budowlach, takich jak garaż czy domek przy basenie.*

Dach płaski *jest to dach, który nie ma spadku lub (częściej) ma tylko nieznaczny spadek. Jego największą wadą jest wymóg częstszych konserwacji niż w wypadku innych dachów, ponieważ na powierzchni dachu gromadzą się odpady.*

Arched roof. *This roof style has a curved slope.*

Dach kolebkowy *uformowany jest w kształcie łuku.*

The roof is characterized by three parameters:
- *roof span,*
- *roof height,*
- *roof pitch (this is the angle or slope of the roof and can be expressed in degrees or as a fraction or ratio found by dividing the rise by the span).*

Roofing materials:
- *asphalt / composition shingles (asphalt shingles);*
- *plastic / rubber products;*
- *clay – ceramic tiles;*
- *concrete tiles;*
- *metal tiles / panels;*
- *slates;*
- *wood shingles;*
- *modified bitumen roofs;*
- *thermoset (EPDM and CPSE) single-ply roofs;*
- *thermoplastic (PVC only) single-ply roofs.*

Dach charakteryzują trzy parametry:
- *rozpiętość,*
- *wysokość,*
- *nachylenie (kąt nachylenia dachu; parametry mogą być wyrażone w stopniach, lub jako procent nachylenia, albo stosunek wysokości do rozpiętości).*

Materiały dachowe:
- *gonty asfaltowe;*
- *elementy plastikowe / gumowe;*
- *elementy gliniane – dachówki ceramiczne;*
- *dachówki cementowe;*
- *panele metalowe;*
- *łupki;*
- *gonty drewniane;*
- *modyfikowane bitumy;*
- *termoutwardzalne papy, papy;*
- *materiały termoplastyczne.*

ELEMENTS OF A ROOF

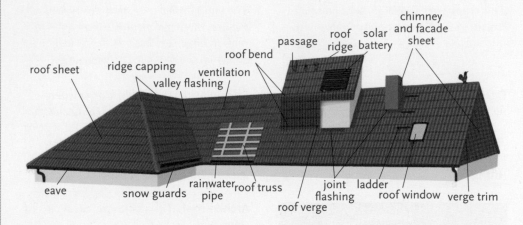

Flashings, trimmings and cappings are very important elements on any roof. They connect the different elements making the roof tight, having no leaks. To remove water from the roof efficiently into the sewer system, gutters, downpipes (rainwater pipe) and other elements should be used.

Bardzo ważnymi elementami dachów są kołnierze, wykończenia i czapy (zwieńczenia). Łączą one różne elementy, przez co sprawiają, że dach jest szczelny (nie ma przecieków). W celu skutecznego usunięcia wody z dachu stosuje się rynny, rury spustowe i inne elementy.

22.2. Stropodachy
Flat roofs

Flat roof – *A roof nearly horizontal, constructed of materials which allow the water to run off freely even from a very slight inclination. A flat roof is any roof which has a slope of less than 10°. All flat roofs are made up of a number of layers: a roof deck (timber, concrete,* *steel, composite or plywood), Vapour Control Layer (VCL) – the layer inserted between the deck and insulation (polyethylene membrane, bitumen sheet, polymeric foil or a self-adhesive sheet), a thermal layer (styrofoam, wool mineral etc), a waterproofing layer (bituminous products) and a surface layer (felt). A flat roof must be strong, durable and stable throughout its lifetime. It must provide adequate protection against the elements, keeping the buildings' structure and interior dry.*

Classification of flat roofs due to thermal insulation: insulated and non-insulated.

Classification of flat roofs taking into account of their construction:

- *full – non-ventilated;*
- *ventilated (picture);*
- *inverted.*

Dach płaski to dach prawie poziomy, wykonany z takich materiałów, które pozwalają na swobodny odpływ wody z powierzchni o niewielkim nachyleniu. Ma nachylenie mniejsze niż 10 stopni. Wszystkie dachy płaskie są wykonane z kilku warstw, którymi są: konstrukcja nośna (drewno, beton, stal, kompozyt lub sklejka), paroizolacja (VCL), czyli warstwa umieszczona pomiędzy podkładem a izolacją (np. membrana polietylenowa, arkusz bitumu, folia polimerowa lub samoprzylepne arkusze), warstwa izolacji termicznej (np. styropian, wełna mineralna), warstwa hydroizolacji (np. produkty bitumiczne), warstwa krycia (np. papa). Płaski dach musi być mocny, trwały i stabilny przez cały czas jego użytkowania. Musi zapewniać odpowiednią ochronę przed żywiołami, zabezpieczać konstrukcję budynków i chronić wnętrza przed wilgocią.

Dachy płaskie możemy podzielić na ocieplone i nieocieplone.

Klasyfikacja dachów płaskich ze względu na ich budowę:

- *pełne – niewentylowane;*
- *wentylowane (dwudzielne);*
- *odwrócone.*

VENTILATED FLAT ROOF

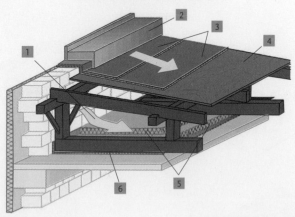

1. ventilation holes (vents)	1. otwory wentylacyjne (otwory)
2. concrete	2. beton
3. roof felt	3. papa
4. waterproof plywood	4. sklejka wodoodporna
5. mineral wool	5. wełna mineralna
6. roof felt (heat weld able roofing) membrane	6. papa (papa termozgrzewalna)

DACH PŁASKI ODWRÓCONY
INVERTED FLAT ROOF

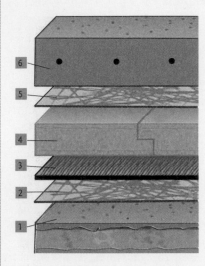

6. reinforced concrete	**6.** płyta żelbetowa
5. protective geotextile	**5.** geowłóknina ochronna
4. thermal insulation	**4.** izolacja termiczna
3. waterproofing membrane	**3.** membrana wodoszczelna
2. protective geotextile	**2.** geowłóknina ochronna
1. concrete and roof falls support	**1.** beton

ZADANIE 1.

Jaki to typ dachu? Napisz w języku angielskim.
What are these roof types? Write in English

1. _____

2. _____

3. _____

4. _____

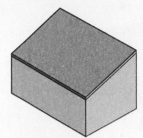

1.

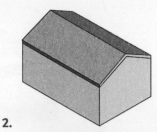

2.

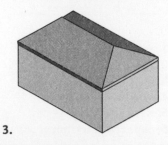

3.

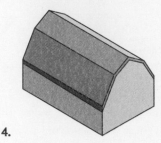

4.

ZADANIE 2.

Przeczytaj tekst i wpisz brakujące słowa.
Read the text and fill in the missing words.

DESIGNING A ROOF – EFFECT OF THE ROOF PITCH

One of the key factors in _____ (dach) design – and in making the loft space habitable – is the pitch of the roof. Many traditional houses have _____ (pochylenie dachu) of around 35°. Unfortunately, this is too low to make good use of the _____ (poddasze, strych) space. A roof pitch around 45° is better idea. Sometimes such slope brings problems such as: the fact that the house as a whole looks heavy, or that roof dominates the house. The _____ (projektant) must decide here on a balance between the overall look and practicality. The roof pitch is also determined by the material selected for the roof. Recommended roof pitches of some _____ (materiały dachowe), are presented in the table below.

MATERIALS		ROOF PITCH
	Ceramic tile (dachówka ceramiczna)	22–60°
	_____ (dachówka betonowa)	22–60°
	_____ (gont)	>12°

	_____ (strzecha)	40–80°
	_____ (blacha miedziana)	>17°
	_____ (papa)	3–12°

ZADANIE 3.

Przeczytaj tekst i omów, w jakich warunkach pracuje dekarz.
Read the text and discuss the work conditions of a roofer.

ROOFER – JOB DESCRIPTION

Working on roofs is a high-risk activity because it involves working at height. Roofing work is strenuous and tiring. It involves heavy lifting, as well as climbing and bending. Roofers install, repair or replace flat roofs and shingles, shakes or other roofing tiles on sloped roofs. Their work involves much standing, bending down, squatting, and climbing. They are employed by roofing and general contractors or they may be self-employed. The work is usually seasonal.

_____

_____

_____

_____

_____

_____

ZADANIE 4.

Umowa o prace dekarskie – przeczytaj tekst i przetłumacz podkreślone fragmenty
na język polski.
Contract for roofing works – read the text and translate the underlined fragments into Polish.

ROOFING CONTRACT

A professionally prepared contract for roofing works should:

- include the business name, physical address, mailing address and phone number as
  well as the contractor's licensing number and Tax Identification Number
- **include the client is name, physical address, mailing address, phone number and Tax
  Identification Number**
- Explain the specified materials (roofing covering and roofing trimming, rainwater system etc.) in detail
- include calculations of materias and labour costs
- **describe the detailed terms of the warranty from your company and the material manu-
  facturers**
- Include a payment schedule and final payment due dates.
- describe the terms for late payment fees

Both sides should sign and date the contract to make it legally binding.

_____
_____
_____
_____
_____
_____
_____
_____
_____

ZADANIE 5.

Połącz w pary.
Match the pairs.

roofing ○	□ fence
molten ○	□ copper
ridge ○	□ felt
damp ○	□ costs
snow ○	□ work
rainwater ○	□ sheet
five-ply ○	□ tile
labour ○	□ proofing
roof ○	□ bitumen
sheet ○	□ system

23 Ustroje dachowe
Roof structures

KEY WORDS – WAŻNE POJĘCIA

angle brace, angle tie, diagonal brace miecz

angle rafter, hip rafter krokiew narożna

batten łata

bottom boom, bottom chord pas dolny

carpenter work ustroje ciesielskie

collar beam jętka

collar beam roof wiązar jętkowy

cross brace krzyżulec

doubled rafter krokiew podwójna

dragon tie, dragon beam poprzecznica

eave batten łata okapowa

eave purlin płatew stopowa

fascia board deska okapowa

fascia, wind brace, wind tie, wind beam wiatrownica

girder dźwigar (belka główna)

ground beam, sleeper beam belka podwalinowa

gutter rynna

hinge przegub

hip połać boczna

hip rafter krawężnica

intermediate purlin płatew pośrednia

king bolt truss, king post truss więźba dachowa wieszarowa jednowieszakowa

king post wieszak

plane truss kratownica płaska

post słup

post, stanchion słupek

purlin roof wiązar płatwiowy

purlin, bidding rafter płatew

queen post truss więźba dachowa wieszarowa dwuwieszakowa

queen posts wieszaki drewniane

rafter krokiew

rafter roof wiązar krokwiowy

ridge kalenica

ridge purlin płatew kalenicowa

rod pręt

roof overhang wysięg dachu

roof tie, collar tie kleszcze

roof truss wiązar dachowy

simple truss kratownica prosta

space truss, space frame kratownica przestrzenna

span rozpiętość

girder flange pas dźwigara

statically determinate truss kratownica statycznie wyznaczalna

statically interdeterminate truss kratownica statycznie niewyznaczalna

stretcher ściąg

strut zastrzał

support podpora

top boom, upper chord pas górny

triangular lattice, triangular truss kratownica trójkątna

trimmer wymian

truss chord pas kratownicy

truss, framework, latticework kratownica

valley kosz

valley rafter krokiew koszowa

wallplate murłata, namurnica

In the building there are many kinds of roof trusses. The most popular are:
- rafters • collar beams • purlins • purlins • king and queen posts • trusses

Below some of the most popular constructions in residential building structures are presented below.

W budownictwie wyróżniamy wiele rodzajów wiązarów dachowych. Do najczęściej stosowanych należą:
- *wiązary krokwiowe • wiązary jętkowe • wiązary płatwiowo-kleszczowe •*
  wiązary wieszakowe • kratownice

Poniżej przedstawiono kilka najpopularniejszych konstrukcji stosowanych w budownictwie mieszkaniowym.

RODZAJE KONSTRUKCJI DACHOWYCH
ROOF TRUSS TYPES

Rafter roof
- span – 6–8 m;
- rafter length – 4.5–5.0 m;
- roof pitch – 40–60°;
- when the roof pitch is > 45°, use fascia (wind braces).

Wiązar krokwiowy
- *rozpiętość – 6–8 m*
- *długość krokwi – 4,5–5 m*
- *nachylenie połaci – 40–60°,*
- *przy nachyleniu dachu powyżej 45° stosować wiatrownice*

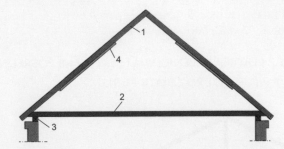
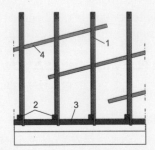

1. rafter – krokiew   2. ceiling – belka stropowa
3. wallplate – murłata   4. wind beam – wiatrownica

Collar beam roof
- span – 6–9 m;
- lower rafter length – max. 4.5 m;
- upper rafter length – max. 2.5 m;
- roof pitch – 25–60°, recommended 35°

Wiązar jętkowy
- *rozpiętość – 6–9 m*
- *długość krokwi dolnej – maksymalnie 4,5 m.*
- *długość krokwi górnej – maksymalnie 2,5 m.*
- *nachylenie połaci – 25–60°, zalecane 35°.*

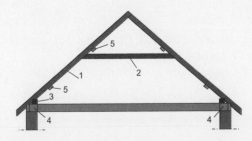
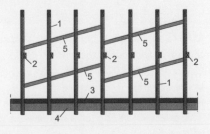

1. rafter – krokiew 2. collar beam – jętka 3. wallplate – murłata
4. concrete ring beam – wieniec żelbetowy 5. wind beams – wiatrownice

Purlin roof
- span – 8-16 m;
- span less than 8 m – one post; span 8–12 m – two posts; span > 12 m – three posts;
- lower rafter length – max. 4.5 m;
- upper rafter length – max. 2.5 m.

Wiązar płatwiowo-kleszczowy
- rozpiętość – 8–16 m
- długość powyżej 12 m – należy stosować słupy
- długość krokwi dolnej – maksymalnie 4,5 m.
- długość krokwi górnej – maksymalnie 2,5 m.

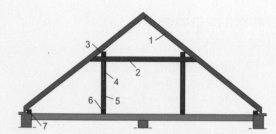 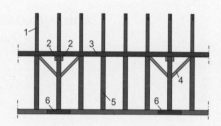

1. rafter – krokiew 2. roof tie (collar tie) – kleszcze 3. ridge purlin – płatew
4. angle brace (angle tie, diagonal brace) – miecz 5. post – słup stolcowy
6. ground beam – belka podwalinowa   7. wallplate – murłata

DACH PŁATWIOWO-KLESZCZOWY Z PŁATWIĄ KALENICOWĄ I PŁATWIAMI POŚREDNIMI
PURLIN ROOF WITH INTERMEDIATE PURLIN

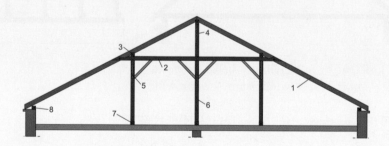

1. rafter – krokiew 2. roof tie (collar tie) – kleszcze 3. intermediate purlin – płatew
pośrednia 4. ridge purlin – płatew kalenicowa 5. angle brace (angle tie, diagonal brace) –
miecz 6. post – Słup 7.   ground beam – belka podwalinowa 8. wallplate – murłata

Elements of a roof:
- *rafter – one of the sloping beams that supports a pitched roof. The beams that run from the top of the roof to the bottom (from the ridge or hip to the wallplate);*
- *fascia are used to cover the rafter end of the eaves. Often used where gutters are attached to the house;*
- *valley – internal angle formed at the intersection of two sloping roof planes; The intersection of a cross hip or cross gable roof. The point at which the two slopes of a roof meet;*

- purlin – this is a strong beam, fixed to the common rafters midway between the ridge and the wall plate, which runs parallel to the wall and the ridge. One of several horizontal timbers supporting the rafters of a roof;
- ridge purlin – the top of a roof at the junction of two sloping sides;
- wallplate – a horizontal timber situated along the top of a wall at the level of the eaves for bearing the ends rafters;
- angle brace – reduces deflection of a purlin;
- collar tie – a horizontal connector between a pair of rafters used to reduce sagging or spreading of the rafters.

Elementy dachowe:

- krokiew – pochyła belka, element nośny dachu, już ułożona od kalenicy dachu do murłaty;
- deska okapowa – przekrycie u dołu krokwi przy okapie;
- kosz dachu – krawędź wklęsła powstała na przecięciu dwóch połaci dachowych wzdłuż tzw. linii koszowej, jest to miejsce szczególnie narażone na działanie warunków atmosferycznych;
- płatew – element konstrukcji dachu układany w kierunku prostopadłym do krokwi;
- płatew kalenicowa – belka umieszczona w szczycie dachu (przy kalenicy) na styku dwóch połaci;
- murłata – pozioma belka usytuowana w górnej części ściany na poziomie okapu; służy do podparcia krokwi;
- miecz – zmniejsza ugięcie płatwi;
- kleszcze – poziomy łącznik między dwiema krokwiami; stosowany w celu zmniejszenia ugięcia krokwi.

ZADANIE 1.

Opisz po angielsku elementy pokazane na rysunku.
Describe the elements of the picture in English.

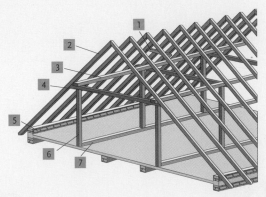

1. miecz _____
2. krokiew _____
3. płatew pośrednia _____
4. kleszcze _____
5. wieniec betonowy _____
6. słup _____
7. belka podwalinowa _____

ZADANIE 2.

Puzzle – utwórz słowa i przetłumacz na język polski.
Puzzle – put the words together and translate them.

1.

am	lar	col
ro	be	of

2.

er	pur	med
iate	int	lin

3.

que	pu	in
rl	post	en

4.

pur	rid
ge	lin

5.

tru	ro
of	us

6.

wa	te
pla	ll

1. _____
2. _____
3. _____
4. _____
5. _____
6. _____

ZADANIE 3.

Podaj angielskie nazwy wiązarów.
Name the trusses in English.

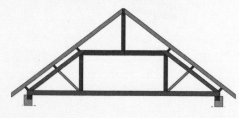
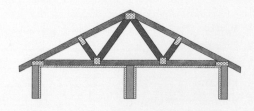

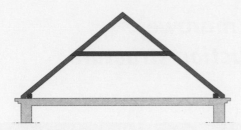
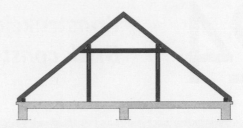

ZADANIE 4.

Kratownice – przeczytaj tekst – przetłumacz wyróżnione fragmenty na język polski.
Trusses – read the text and translate the distinguished fragments into Polish.

APPLICATIONS OF TRUSSES

Bridge truss   Roof truss

Truss – in architecture and engineering, a supporting structure or framework composed of beams, girders, or rods commonly of steel or wood lying in a single plane. **A truss usually takes the form of a triangle or combination of triangles**, since this design ensures the greatest rigidity. Trusses are used for large spans and heavy loads, especially in bridges and roofs. **The distance over which the truss extends is called the span. Elements of truss are:**
- **upper chord (top boom),**
- **bottom chord (bottom boom),**
- **cross braces (diagonals),**
- **posts,**
- **joints and supports.**

The truss analysis is based on the assumption that:
- All elements are connected only at their ends in hinges
- **All loads and support reactions are applied only at the joints**

24 Konstrukcje murowe
Brick construction structure

KEY WORDS – WAŻNE POJĘCIA

aerated block bloczek gazobetonowy

arch łuk

ashlar mur z kamienia ciosanego

autoclaved aerated concrete (AAC) beton autoklawizowany komórkowy

blocks bloczki

bond wiązanie

boulder wall, rubble wall mur kamienny dziki

brick cegła

brick hammer młotek murarski

brick lintel nadproże murowane

brick on edge course warstwa cegieł na rąb

brick setting obmurówka

brick trowell kielnia murarska

bricklayer's tools narzędzia murarskie

bricklaying murowanie

bricks layer, bricks course warstwa cegieł

brickwork, bricklayer work roboty murowe

cavity szczelina powietrzna

cellular brick cegła dziurawka

cellular concrete block, aerated concrete block bloczek z betonu komórkowego

cement mortar zaprawa cementowa

ceramic hollow brick pustak ceramiczny

chamotte brick cegła szamotowa

chequer brick cegła kratówka

chisel przecinak

clinker brick cegła klinkierowa

compo mortar, gauded mortar, cement-lime mortar zaprawa cementowo-wapienna

concrete block bloczek betonowy

crow bar łom

Dutch bond wiązanie holenderskie

external corner narożnik zewnętrzny

face brick cegła licówka

facing brick cegła okładzinowa

flat course, stretcher course warstwa cegieł na płask (wozówkowa)

Flemish bond wiązanie flamandzkie

float paca

gable end ściana szczytowa

Gothic bond wiązanie gotyckie

gypsum mortar zaprawa gipsowa

half brick wall ściana na ½ cegły

hammer młotek

header bond wiązanie główkowe

hollow brick pustak

honeycomb wall ściana ażurowa

horizontal joint spoina pozioma

horizontally perforated brick cegła dziurawka z otworami poziomymi

internal corner narożnik wewnętrzny

joint spoina

kiln piec do wypalania

lime mortar zaprawa wapienna

lime-sand brick cegła wapienno-piaskowa

load-bearing wall ściana nośna

marble marmur

masonry murarstwo

masonry mortar zaprawa murarska

metal float paca metalowa

mobile kiln piec mobilny, przenośny

modular masonry block pustak modułowy

modular masonry brick cegła modułowa

mortar zaprawa

mortar bed spoina wsporna

mud brick cegła suszona z mułu rzecznego

one and a half brick wall ściana na 1 ½ cegły

one brick wall ściana na 1 cegłę

partition wall ściana działowa

pillar, pier filar

plumb, plumb bob pion, ciężarek pionu

quoin naroże, narożnik muru

rabble masonry mur z kamienia łamanego

shovel szufla

side and one end faced brick cegła licówka narożnikowa

silicate silikat

silicate brick cegła silikatowa

smoke flue kanał dymowy

soldier course warstwa cegieł na stojąco

solid brick cegła pełna

spade łopata

spatula szpachla

spider-web rubble wall mur cyklopowy

spirit level, hand level poziomnica

stone kamień

stone walls mury kamienne

stretcher bond wiązanie wozówkowe

sun dried mud brick cegła z błota (osadu) wypalana na słońcu

template szablon, wzornik

three-quarter brick cegła dziewiątka

tie kotwa

vault sklepienie

vertical joint spoina pionowa

vertically perforated brick cegła dziurawka z otworami pionowymi

well burnt brick dobrze wypalona cegła

wheelbarrow taczka

wood float paca drewniana

> *The wall is a structure made of masonry, arranged in a suitable manner and bound together by mortar or adhesive, in which reinforcement can be placed.*

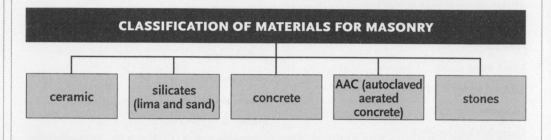

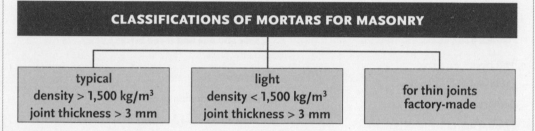

Mur jest konstrukcją wykonaną z elementów murowych ułożonych w odpowiedni sposób i połączonych ze sobą zaprawą lub klejem. Może też zawierać zbrojenie.

Zaprawy:

- zwykłe – gęstość > 1500 kg/m³, spoiny o grubości > 3 mm;
- lekkie – gęstość < 1500 kg/m³, spoiny o grubości > 3 mm;
- do cienkich spoin – produkowane fabrycznie.

24.1. Przykładowe wymiary cegieł / Brick sizes

There are many sizes available and they differ from country to country. Brick sizes have remained fairly constant over the years although, in the UK, the depth used to be less (about 2 ins/51mm) whereas modern bricks are about 2.5 ins./64mm.

Istnieje wiele dostępnych rozmiarów cegieł, które różnią się w zależności od kraju produkcji. Rozmiary te przez wiele lat pozostają niezmienne, choć dawniej w Wielkiej Brytanii głębokość cegły była mniejsza (2 cale/51 mm), natomiast dzisiejsze cegły mają 2,5 cale/64 mm głębokości.

COUNTRY	METRIC, MM	IMPRERIAL, IN
Australia	$230 \times 110 \times 76$	$9 \times 4\frac{1}{3} \times 3$
Germany	$240 \times 115 \times 71$	$9 \times 4\frac{1}{4} \times 2\frac{3}{4}$
India	$228 \times 107 \times 69$	$9 \times 4\frac{1}{4} \times 2\frac{3}{4}$

Poland		250 × 120 × 65	10 × 4¾ × 2½
Russia		250 × 120 × 65	10 × 4¾ × 2½
Rep. of South Africa		222 × 106 × 73	8¾ × 4 × 3
USA		203 × 102 × 57	8 × 4 × 2¼
Great Britain		215 × 102.5 × 65	8½ × 4 × 2½

In addition to full-size bricks (cut at the building site), nine (formerly, ¾ of the brick size was about 9 inches), half, pints and trabeculae bricks are used.

Oprócz cegieł o pełnych wymiarach stosuje się (przycinane na budowie): dziewiątki (dawniej wymiar ¾ cegły – to ok. 9 cali), połówki, kwaterki i beleczki.

POLISH BRICKS AND DIMENSIONS
POLSKIE CEGŁY I ICH WYMIARY

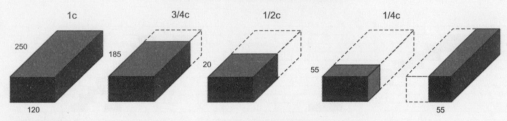

c one brick
½ c half a brick
¼ c quarter
¾ c three quarters
250 mm thickness of Polish bricks

c cała cegła
½ c połówka
¼ c ćwiartka
¾ c dziewiątka
250 mm grubość cegły w Polsce

UK BRICKS AND BLOCKS
ROZMIARY CEGIEŁ W WIELKIEJ BRYTANII

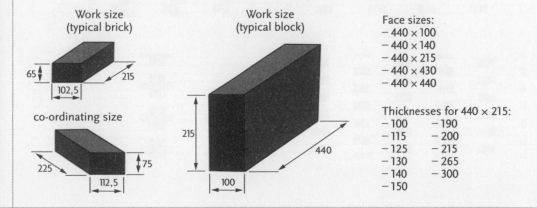

24.2. Wiązania w konstrukcjach murowych
Bindings in masonry structures

The walls are made of bricks, hollow bricks or concrete blocks, connected by mortar or adhesive in areas called joints. In the construction industry there are many ways of building a wall.
Depending on the method of laying bricks, the time that erecting the surface takes differs. The joints in the wall have two main tasks:
- *they link together the various bricks to prevent them from moving under the influence of horizontal forces;*
- *they fill the gaps between the bricks, thus providing thermal and sound insulation.*

Mury wykonuje się z cegieł, pustaków lub bloczków, które łączy się zaprawą albo klejem w miejscach zwanych spoinami. W budownictwie istnieje wiele sposobów wykonania muru.
Czas potrzebny do zbudowania muru zależy od metody układania cegieł.
Spoiny w murze spełniają zasadniczo dwa zadania:
- *łączą poszczególne cegły w całość w celu zapobieżenia ich przesuwaniu się pod wpływem sił poziomych;*
- *wypełniają szczeliny między cegłami, co zapewnia odpowiednią izolację cieplną i dźwiękową.*

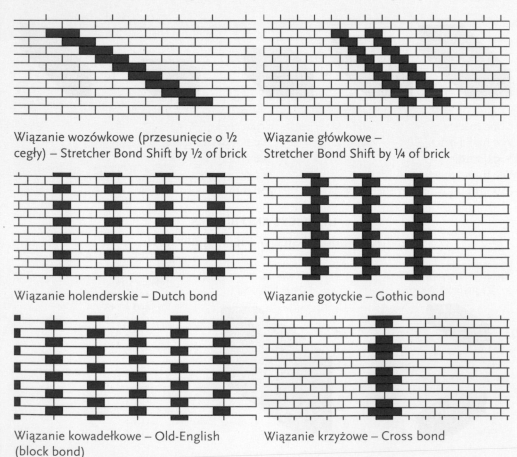

Wiązanie wozówkowe (przesunięcie o ½ cegły) – Stretcher Bond Shift by ½ of brick

Wiązanie główkowe – Stretcher Bond Shift by ¼ of brick

Wiązanie holenderskie – Dutch bond

Wiązanie gotyckie – Gothic bond

Wiązanie kowadełkowe – Old-English (block bond)

Wiązanie krzyżowe – Cross bond

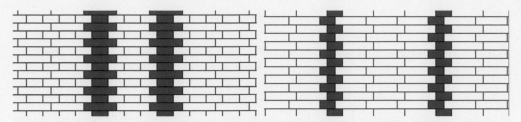

Wiązanie pospolite – Block (English) bonding   Wiązanie śląskie – Header bond

Stretcher bonds *are very popular, despite the steady drawing of the wall face in comparison to other variants of arrangement of bricks, because that they are easier and quicker to make. Stretcher bonds vary in the arrangement of bricks, which can be shifted by half a length (medium binding), or a quarter of length (so-called lift-bond). Bricks in the binding can form a column (vertically) or, for example they can be descending obliquely.*

Header bonds *– they have many varieties, with bricks laid so that the outside of their heads is visible. They can be performed in a number of ways.*

The Flemish bond *is a bricklaying pattern which is highly ornamental in nature, making it popular for courses of brick which will be visible. The flemish bond was widely used for historical residences, before bricks were replaced with other building materials, and in regions where brick is still used it continues to be popular. It can be used for structural walls in a home as well as for garden walls and partitions. Like other types of brickwork, it can be worked in contrasting colours, if desired, to create more visual interest. The flemish bond is most common in housing, particularly on front elevations.*

Block (English) bonding *is almost identical, but instead of single stretchers are laid between the two heads. Some similarities can also be seen in the Flemish binding. Where in one row shorter and longer sides of brick are used alternately, while in the row below are there are only heads.*

The Gothic bond, *also known as Polish, is based on laying heads in a column, each head being shifted by half its length in the row above and below it. The advantage of this binding is aesthetic look of the face surface, the disadvantage – the bricklayer has to work harder.*

Wiązania wozówkowe *– mimo jednostajnego rysunku lica muru w porównaniu do innych wariantów układania cegieł, wiązania takie cieszą się dużą popularnością ze względu na łatwość i szybkość murowania. Wiązania wozówkowe różnią się między sobą sposobem rozmieszczenia cegieł, które mogą być przesunięte o ½ długości (tzw. wiązanie średnie) lub o ¼ długości (tzw. wiązanie dźwigające). Cegły w wiązaniu mogą być zlokalizowane w kolumnie (w pionie) lub np. schodzić ukośnie w dół.*

Wiązania główkowe *występują w wielu odmianach. Cegły układa się tak, by w licu muru było widać główki. Można je wykonywać na kilka sposobów.*

Wiązanie flamandzkie *jest bardzo dekoracyjne, więc chętnie stosowano je w przypadkach, gdy cegła miała być widoczna. Wiązanie to znalazło szerokie zastosowanie w czasach przed pojawieniem się materiałów, które zastąpiły cegłę, a w regionach, w których nadal używa się cegły, jest popularne i dzisiaj. Może być stosowane przy budowie zarówno ścian nośnych, jak również ścianek działowych. Podobnie jak w przypadku innych rodzajów konstrukcji murowych,* można zastosować cegły w kontrastowych kolorach w celu stworzenia wizualnych efektów. Dość często robi się to w budownictwie mieszkaniowym, zwłaszcza na elewacjach frontowych.

Wiązanie kowadełkowe (pospolite) *jest prawie identyczne, tyle że między dwiema główkami układane są dwie wozówki zamiast jednej. Pewne podobieństwo można także zauważyć w wiązaniu holenderskim, gdzie w jednym rzędzie wykorzystuje się naprzemiennie krótszą i dłuższą stronę cegły, natomiast w rzędzie poniżej stosuje się same główki.*

Wiązanie gotyckie, *znane też jako polskie, polega na układaniu główek w kolumnę. Każda główka przesunięta jest o połowę swej długości w rzędach powyżej i poniżej. Zaletą tego wiązania jest jego estetyczny wygląd, a wadą oddziaływanie na nie dużych sił.*

ZADANIE 1.

Połącz w pary.
Match the pairs.

lime-sand brick • lintel • brick hammer • gothic bond • wood float • brick trowell •
spilit level • arch • vault • solid brick

ZADANIE 2.

Opisz rysunki w języku angielskim.
Describe the drawings in English.

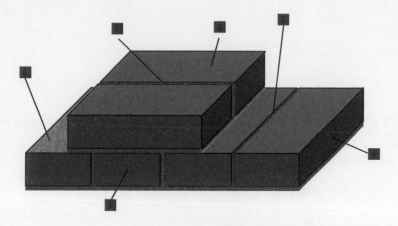

1. _____
2. _____
3. _____
4. _____
5. _____
6. _____

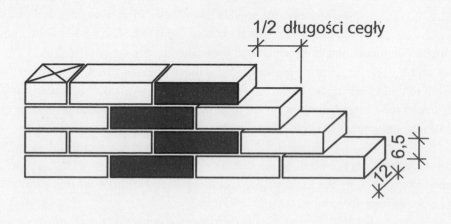

_____

_____

_____

_____

_____

_____

_____

_____

_____

ZADANIE 3.

Wstaw brakujące słowa.
Insert the missing words.

HISTORY OF BRICKS AND BRICKLAYING

_____ (cegły) are one of the _____ (najstarsze) known building materials dating back to 7000BC where they were first found in southern Turkey and around Jericho. The first _____ (cegły) were sun dried. Fired bricks were found to be more resistant to harsher _____ (warunki pogodowe), which made them a much more reliable brick for use in permanent buildings, where mud bricks would not have been sufficient. Fired _____ (cegła) were also useful for absorbing any _____ (ciepło) generated throughout the day, then releasing it at _____ (noc). Ancient Egyptians also used _____ (wypalane na słońcu) mud bricks as _____ (materiały budowlane), the evidence of which can still be seen today at _____ (ruiny) such as Harappa Buhen. Paintings on the tomb walls of Thebes portray slaves mixing, tempering and carrying _____ (glina) for the sun dried bricks. These bricks also consisted of a 4:2:1 _____ (współczynnik) which enabled them to be laid more easily. The Romans further distinguished those which had been dried by the _____ (słońce) and _____ (powietrze) and those bricks which were burnt in a kiln. Preferring to make their bricks in the _____ (wiosna), the Romans held on to their bricks for 2 years before they were used or sold. They only used _____ (glina) which was whitish or red for their bricks.

Using _____ (przenośnie piece), the Romans were successful in introducing kiln fired bricks to the whole of the Roman Empire. The _____ (cegły) were then stamped with the mark of the legion who supervised the brick production. These bricks differed from other ancient bricks in _____ (rozmiar) and _____ (kształt). Roman bricks were more commonly round, square, oblong, triangular or rectangular. The Greeks also considered perpendicular brick walls more durable than _____ (kamienne) walls and used them for public edifices. They also realised how the modern brick was less susceptible to erosion than the old _____ (marmurowe) walls.

25

Konstrukcje betonowe, żelbetowe
Concrete and reinforced concrete structures

KEY WORDS – WAŻNE POJĘCIA

anchor bar pręt kotwiący

anchored bar pręt zakotwiony

anchoring zakotwienie

anchoring length długość zakotwienia

bars with hooks pręty z hakami

bent-up bar, bent bar pręt odgięty

binder strzemię zamknięte w słupach

bolster (bar support) pręt podtrzymujący

bond in reinforced concrete wiązanie zbrojenia w żelbecie

bottom reinforcement zbrojenie dolne

cast in situ wykonany na miejscu

cement class, class of cement klasa cementu

column reinforcement zbrojenie słupa

compaction zagęszczanie

compression reinforcement zbrojenie na ściskanie

concrete strenght after 28 days wytrzymałość betonu po 28 dniach

concrete structure konstrukcja betonowa

cover otulina

cracking of concrete pękanie betonu

creep pełzanie

curing of concrete pielegnowanie betonu

curtailment zakotwienie pręta

durability trwałość

erection bar pręt montażowy

erection reinforcement zbrojenie montażowe

fibre włókno

flowerpot, pot doniczka

foam concrete pianobeton

hand compaction zagęszczanie ręczne

hook hak

in situ concrete beton monolityczny, wylewany

internal vibrator, immersion vibrator wibrator pogrążalny, wgłębny

lap zakładka (prętów zbrojeniowych)

lap connection łączenie na zakład

link bar, splice bar pręt zakładkowy

longitudinal bar pręt podłużny

longitudinal reinforcement zbrojenie podłużne

L-shaped bar wkładka w kształcie L

main bar pręt główny

mechanical vibrator wibrator mechaniczny

overlap 30 f zakład 30 średnic

overlap 4 meshes zakład siatek na 4 oczka

poker vibration wibrator buławowy

post-tensioned concrete, post-tensioned prestressed concrete kablobeton

precast concrete beton prefabrykowany

prestressed concrete beton sprężony

prestressed structures konstrukcje sprężone

pre-tensioned prestressed concrete strunobeton

prolonged bar pręt przedłużony

quarry kamieniołom

reiforcement concrete, reinforced concrete, ferroconcrete żelbet

reinforced concrete structures konstrukcje żelbetowe

reinforcement area powierzchnia zbrojenia

reinforcement description opis zbrojenia

reinforcement element element zbrojenia

reinforcement, re-bar zbrojenie

rod pręt

shipment załadunek, wysyłka towaru

slab reinforcement zbrojenie płyty

smooth bar (circular) pręt gładki okrągły

spacer bar pręt rozdzielczy

span reinforcement zbrojenie przęsłowe

steel fixing work roboty zbrojarskie

stirrup strzemię zamknięte

straight bar prosty pręt

stress naprężenie

stress in compressed concrete naprężenie w betonie ściskanym

stress in tension reinforcement naprężenie w zbrojeniu rozciąganym

structural reinforcement zbrojenie konstrukcyjne

surface reinforcement zbrojenie powierzchniowe

surface vibrator wibrator powierzchniowy

tendon ścięgno

tie wire, binding wire drut wiązałkowy

ties up to beam strzemiona do belki

top reinforcement zbrojenie górne

torsion reinforcement zbrojenie na skręcanie

transversal reinforcement zbrojenie poprzeczne

two-ply reinforcement zbrojenie w dwóch rzędach

U-shaped bar wkładka w kształcie U

vertical stirrups pionowe strzemiona

vibration wibrowanie

water-cement ratio współczynnik wodno-cementowy

Concrete is strong in compression but weak in tension. Reinforced concrete was designed on the principle that steel and concrete act together in resisting force. The tensile strength is generally rated about 10 percent of the compression strength. Because of that, concrete works well for posts and columns that are compression elements in a structure. But, when it is used for tension elements, such as beams, foundation walls, floors or girders, concrete must be reinforced to attain the necessary tension strength. Steel is the best material for reinforcing concrete because steel and concrete will expand and contract at an almost equal rate.

Classification of concrete structures due to its mode of operation:
- *concrete structures;*
- *reinforced concrete structures;*
- *prestressed structures.*

Examples of the use of concrete: foundations, retaining walls; walls and reinforced concrete, elements of sewage; bridges; viaducts, tunnels; pavements at airports and roads, Prefabricated elements etc.

Reinforced concrete structures are used in residential and industrial, construction building roads, bridges, overpasses, buildings, and hydrotechnical construction, especially where high strength of materials counts. Reinforced concrete is a material characterized by a high potential in terms of shaping elements. The advantages of reinforced concrete include:

- durability – long life – well-designed and reinforced concrete structures do not lose any of their quality over time;
- ease of formation of elements (any form);
- fire resistance – reinforced concrete owes its fire resistance to concrete;
- low cost of exploitation, as well-made reinforced concrete structures do not require any maintenance.

Yet, reinforced concrete structures also have defects (disadvantages), which include:

- large dead-weight;
- labour intensity;
- seasonality of work – dependency on the weather conditions;
- high consumption of wood for formwork;
- the possibility of cracking during operation;
- slow pace of works associated with the process of hardening of concrete;
- high heat conductivity coefficient;
- poor acoustic properties

Factors facilitating steel and concrete complementation.

- adhesion of concrete and steel;
- almost identical thermal expansion of the two materials;
- appropriate placement and anchoring of reinforcing bars

Reinforcing steel can be used in the form of fibre, mesh, bars or rods that are either plain or deformed or in the form of expanded metal, wire, wire fabric, or sheet metal.

In the arrangement of the bearing bars and crosses, their number will depend on the:

- construction element type,
- load,
- concrete class,
- class of reinforcing steel,
- concrete element orientation,
- method of concrete compacting.

Beton jest odporny na ściskanie, jednak gorzej znosi rozciąganie. Żelbet zaprojektowano w taki sposób, aby beton i stal wspólnie stawiały opór siłom. Wytrzymałość na rozciąganie jest oceniana na około 10% wytrzymałości na ściskanie. Z tego powodu beton dobrze nadaje się do budowy filarów i słupów, które są ściskane. Jednak kiedy wykorzystuje się go w elementach rozciąganych, takich jak belki, ściany fundamentowe, stropy i dźwigary, musi zostać wzmocniony, aby osiągnąć niezbędną wytrzymałość na rozciąganie. Stal jest najlepszym materiałem do wzmacniania betonu, ponieważ stal i beton mają porównywalną rozszerzalność.

Podział konstrukcji betonowych ze względu na mechanizm pracy:

- konstrukcje betonowe;
- konstrukcje żelbetowe;
- konstrukcje sprężone.

Przykłady zastosowania konstrukcji betonowych: fundamenty, ściany oporowe, ściany betonowe, elementy kanalizacyjne, mosty, tunele, płyty lotnisk, elementy prefabrykowane itp.

Konstrukcje żelbetowe stosuje się w budownictwie mieszkaniowym, przemysłowym, przy budowie dróg, mostów, wiaduktów, obiektów hydrotechnicznych, a zwłaszcza tam, gdzie liczy się duża wytrzymałość materiałów. Żelbet jako materiał cechuje się dużymi możliwościami pod względem kształtowania elementów. Do zalet żelbetu możemy zaliczyć:

- trwałość (długi okres użytkowania) dobrze zaprojektowane i wykonane konstrukcje żelbetowe w miarę upływu czasu nie tracą nic ze swej jakości;
- łatwość kształtowania elementów (dowolne formy);
- ognioodporność (ogniotrwałość) – tę cechę żelbet zawdzięcza betonowi, który jest ognioodporny i chroni pręty zbrojenia przed nadmiernym nagrzaniem w przypadku pożaru;
- niewielki koszt eksploatacji, gdyż dobrze wykonana konstrukcja żelbetowa nie wymaga właściwie żadnej konserwacji.

Konstrukcje żelbetowe mają także wady, do których należą:
- duży ciężar własny;
- pracochłonność wykonywania, sezonowość robót – uzależnienie od warunków atmosferycznych, ograniczenie prac w niskich i wysokich temperaturach;
- duże zużycie drewna na formy;
- możliwość pojawienia się rys w czasie eksploatacji;
- wolne tempo robót związane z procesem twardnienia betonu;
- duży współczynnik przewodności cieplnej;
- duży współczynnik przewodności dźwiękowej.

Żelbet to beton wzmocniony prętami stalowymi. Pręty stalowe, zwane zbrojeniem, układa się w betonie w taki sposób, aby poprawić wytrzymałość elementu betonowego w strefie rozciąganej. Współpraca betonu i stali w konstrukcjach żelbetowych polega na tym, że:
- beton jest odporny przede wszystkim na ściskanie;
- pręty stalowe (zbrojenie) są odporne zwłaszcza na rozciąganie oraz na ściskanie i ścinanie.

Czynniki umożliwiające współpracę betonu i stali:
- przyczepność betonu i stali;
- prawie jednakowa rozszerzalność cieplna obu materiałów;
- odpowiednie rozmieszczenie i zakotwienie prętów zbrojenia.

Stal zbrojeniowa może być stosowana w postaci prętów, które są gładkie albo żebrowane, a także w formie maty zbrojeniowej, drutu, siatki drucianej lub blachy:

Rozmieszczanie prętów nośnych oraz ich liczba w przekroju zależą od:
- rodzaju elementu konstrukcyjnego,
- obciążenia,
- klasy betonu,
- klasy stali zbrojeniowej,
- kierunku betonowania elementu,
- sposobu zagęszczania betonu

ZADANIE 1.

Przeczytaj tekst i uzupełnij brakujące słowa.
Read the text and fill in the missing words.

_____ (żelbet) consists of concrete and reinforcing steel. Concrete is strong in _____ (ściskanie) and weak in tension. Reinforcing steel is generally used to carry the tensile _____ (siły) placed on a concrete

structure. The concrete should be properly _____ (zagęszczony) around the reinforcement. All steel reinforcements must be properly positioned in the concrete, reinforcing bars and _____ (siatki) should be located so that there is enough room between the bars to place and compact the concrete. To improve the transfer of tensile forces to the steel, the reinforcement is often anchored by:
- bending,
- _____ (haki)
- lapping the bars.

The reinforcement should be clean and free from dirt, _____ (rdza), or grease. Reinforcement steel is normally provided as individual steel bars or as steel bars welded together into a mesh. The bars are used for _____ (belki) and _____ (kolumny), while the mesh is prepared for large surfaces such as _____ (ściany) and _____ (płyty).

ZADANIE 2.

Rozkład zbrojenia belki ciągłej – przetłumacz podpisy na rysunku.
Reinforcement placement in continuous beams or slabs – translate the captions in the figure.

Tension
Compression

Compression
Tension

B · A

B · A

Section A–A

Compression area
Tension area
Steel reinforcement

Section B–B

Tension area
Steel reinforcement
Compression area

ZADANIE 3.

Opisz rysunek w języku angielskim.
Describe in English.

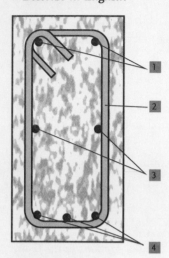

1. zbrojenie górne   _____
2. strzemiona   _____
3. pręty pomocnicze   _____
4. zbrojenie dolne   _____

ZADANIE 4.

Typowe zbrojenie belek – uzupełnij tabelę.
Typical shapes of reinforcing steel for beams – translate captions in the figure.

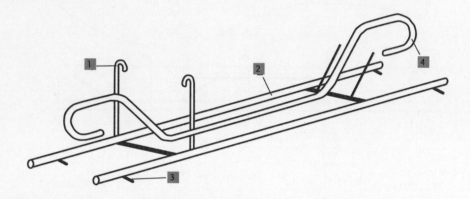

vertical stirrup	
straight bar	
bolster (bar support)	
hook	
welded, inclined stirrups	
bent-up or truss bar	

ZADANIE 5.

Historia powstania budownictwa żelbetowego – przeczytaj tekst i odpowiedz na pytania.
The history of creation of reinforced concrete – read and answer the questions.

Joseph-Louis Lambot   Joseph Monier   Francois Hennebique

Reinforced concrete is a material formed from a combination of concrete with steel elements. The first application we find more than one and a half century ago. A French inventor Joseph-Louis Lambot, who in 1848 built a boat of reinforced concrete with iron rods, presented it at the world exhibition in Paris in 1855. Since then, this material has been very popular. Joseph Monier, a French gardener, is considered to be the inventor. He accidentally dropped a steel basket into liquid concrete mass. After a short time he realized what he had discovered. In 1867, he patented concrete (flowerpots) pots reinforced with steel bars. Sweeping developments in combining concrete with steel meant that successive explorers, and builders began to use and develop reinforced concrete as a structural material for buildings. In 1892, French designer Francois Hennebique patented the principle of erecting skeletal reinforced concrete structures. The structures were composed of columns, beams and floor slabs. All components were connected with steel reinforcement. From that moment on reinforced concrete structures have become popular and widely used around the world.

1. What year was the reinforced concrete boat built?

_____

_____

2. Who patented the flowerpot with reinforced bars?

_____

_____

3. What did Francois Hennebique patent?

_____

_____

ZADANIE 6.

Uzupełnij tabelę.
Fill in the table.

longitudinal reinforcement	
	pręt kotwiący
bars with hooks	
	wkładka w kształcie litery L
main bar	
	zakład siatek na 4 oczka
bond in reinforced concrete	
	pręt montażowy
poker vibration	
U-shaped bar	
	strzemię zamknięte
torsion reinforcement	
	zbrojenie poprzeczne
ties up to beam	
	pręt
vertical stirrups	
	naprężenie w zbrojeniu rozciąganym
reinforcement area	

26 Konstrukcje drewniane
Wooden structures

KAY WORDS – WAŻNE POJĘCIA

ash jesion

axe siekiera

band saw piła taśmowa

batten łata

beech buk

bevelled-edge chisel dłuto płaskie

birch brzoza

board deska

bolt śruba

butt joint połączenie na styk (złącze stykowe)

cabinet maker stolarz meblowy

cabinetmaking stolarstwo meblowe

caliper suwmiarka

carpenter's hammer młotek ciesielski

carpenter's tools narzędzia ciesielskie

chipboard, particle board płyta wiórowa

chisel dłuto

circular saw, buzz saw blade piła tarczowa

clamp zacisk

coach screw wkręt do drewna z łbem sześciokątnym

coniferous timber tarcica iglasta

connector łącznik

corkboard płyta korkowa

cross-cut saw piła poprzeczna

crow bar, nail-puller łom, wyciągacz gwoździ

cypress cyprys

Douglas fir daglezja

dovetail joint złącze na wczep

dovetailed joint połączenie na jaskółczy ogon

dowel hole boring machine (dowel hole borer) wiertarka do otworów na kołki / dyble

dowel joint złącze kołkowe

dried wood drewno wysuszone

drill wiertarka

edged timber, square-sawn timber tarcica obrzynana

elm wiąz

fence listwa prowadząca, prowadnica

fibreboard płyta pilśniowa

fine cutter and jointer wykrawarka i wyrówniarka

fir jodła

fish plate nakładka

floor board deska podłogowa

frame handsaw piła ręczna ramowa

full-edged wood drewno obrzynane

glued wood, glulam (glued laminated beam) drewno klejone

glulam beam belka z drewna klejonego warstwowo

grinder szlifierka

half lap joint połączenie wręgowe

handsaw piła płatnica

hard fibreboard płyta pilśniowa twarda

hardwood drewno twarde

hardwood timber, converted hardwoods tarcica liściasta

hardwood, wood of deciduous tree drewno liściaste

jack plane zdzierak

joiner's workshop warsztat stolarski (stolarnia)

joiner's bench stół stolarski

joiner's glue klej do drewna

joiner's hammer młotek stolarski

joiner's tools narzędzia stolarskie

joining means sposoby łączenia

joint, connection połączenie

knotty wood drewno sękate

laminated timber drewno klejone warstwowo

laminated wood drewno warstwowe

lap joint połączenie zakładkowe

larch modrzew

lathe tokarka

mahogany mahoń

maple klon

milling machine, jointer frezarka

mitered butt joint połączenie stykowe po skosie

mortice chisel dziobak

mortise gniazdo

nail gwóźdź

oak dąb

parquet flooring block klepka posadzkowa

parquet, parquet floor parkiet, posadzka deszczułkowa

pine sosna

plane równiarka, strug

plane iron (cutter) żelazko (nóż struga)

planed board, dressed board deska ostrugana

planed timber tarcica strugana

plank, balk dyl, bal

planing machine heblarka, strugarka

pliers obcęgi

plywood sklejka

poplar topola

rail kantówka

redwood sekwoja

rough board deska nieostrugana

rough-edged wood drewno nieobrobione

saw piła

saw dust trociny

saw handle rękojeść piły

sawn building timber tarcica budowlana

sawn timber, sawn wood, lumber tarcica

screwdriver śrubokręt, wkrętak

sharp-edged wood drewno ostrugane

shavings wióry, strużyny

soft fibreboard płyta pilśniowa miękka

softwood drewno miękkie

softwood, wood of coniferous tree, coniferous timber drewno iglaste

sound wood drewno zdrowe

split-ring connector pierścień zębaty

spokeshave ośnik, skrobak

spruce świerk

square joint, closed joint złącze na styk

squared timber krawędziak

steel plane strug stalowy

structural wood drewno konstrukcyjne

tenon czop

timber drewno budowlane

timber boards płyty z drewna

timber products wyroby z drewna

tongue and groove joint połączenie na pióro i wpust

try square kątownik stolarski

trying plane strug spustnik

types of wood rodzaje drewna

unedged timber tarcica nieobrzynana

veneer fornir, okleina

V-joint złącze sfazowane

weatherboarding poszycie drewniane

wood drewno

wood pile pilnik do drewna

wood plane strug drewniany

wood screw wkręt do drewna

wood span tarnik / raszpla do drewna

woodwork bench vice imadło stolarskie

woodworker's bench strugnica stolarska, warsztat / stół stolarski

wrench klucz

yew cis

Wood means the layer below the bark on a tree or an item made with this material. Timber (lumber) – wood prepared for use in building and carpentry. This is a general term for natural or sawn wood in a form suitable for building or structural purposes. There are two main types of timber:
- non-coniferous timber (wood of deciduous trees)
- coniferous timber (wood of coniferous trees)

For many practical purposes timber may be divided into two classes:
- hardwood (oak, beech, ash, elm, mahogany)
- softwood (firs, pines, spruce, larch, Douglas-fir, cypress, redwood).

Drewnem nazywamy warstwę znajdującą się pod korą drzewa lub element wykonany z tego materiału. Drewno budowlane (tarcica) to drewno przygotowane do zastosowania w budownictwie i ciesielstwie. Jest to ogólna nazwa naturalnego lub pociętego drewna w postaci nadającej się do zastosowań budowlanych i konstrukcyjnych. Istnieją dwa główne rodzaje drewna:
- liściaste (drewno z drzew liściastych);
- iglaste (drewno z drzew iglastych).

Z wielu praktycznych względów drewno można podzielić na dwie kategorie:
- drewno twarde (dąb, buk, jesion, wiąz, mahoń);
- drewno miękkie (jodła, sosna, świerk, modrzew, daglezja, cyprys, sekwoja).

INFORMATION	SOFTWOOD	HARDWOOD
uses	building elements, furniture, stairs	
properties	less dense; less durable	higher density

advantages	• Softwood is significantly cheaper than hardwood. It grows much quicker. • Softwoods are much easier to cut and sand than hardwoods. • It has lower density and has good strength. • They are also easy to carve and can be used for detail work.	• High durability and the ability to resist warping and shrinking. • Hardwoods are strong and harder than softwood.
disadvantages	• It absorbs moisture. • It is easily damaged.	• They change colour when exposed to light. • Hardwood is heavy. • Hardwood is not impervious to damage.

DANE	DREWNO IGLASTE (MIĘKKIE)	DREWNO LIŚCIASTE (TWARDE)
zastosowanie	Elementy budowlane, meble, schody	
właściwości	Niska gęstość i trwałość	Wyższa gęstość
zalety	• Drewno miękkie jest znacznie tańsze niż twarde. Rośnie dużo szybciej • Drewno iglaste jest dużo łatwiejsze do cięcia i szlifowania niż liściaste • Ma mniejszą gęstość i dobrą wytrzymałość • Jest łatwe w rzeźbieniu	• Wyższa trwałość • Odporność na wypaczenie i skurcz • Drewno to jest twardsze i mocniejsze niż drewno miękkie
wady	• Ma dużą wilgotność • Łatwo ulega uszkodzeniom	• Zmienia kolor pod wpływem światła • Jest ciężkie • Nie jest odporne na uszkodzenia

26.1. Stolarstwo
Joinery

Joinery – *the art or craft of a joiner.*
A joiner – *a person whose occupation is to construct articles by joining pieces of wood.*
Cabinetmaking – *the manufacture of fine furniture and other woodwork.*
A cabinetmaker – *a skilled woodworker who makes fine furniture.*

Stolarka – rzemiosło polegające na wytwarzaniu i obróbce elementów drewnianych.
Stolarz – osoba, która zawodowo zajmuje się przetwórstwem drewna i obróbką powierzchni drewna.
Meblarstwo – produkcja mebli.
Meblarz – stolarz, który specjalizuje się w wyrobie mebli.

26.2. Połączenia drewna
Wood joinery

Wood joinery is simply the method by which two pieces of wood are connected.
A woodworker has a number of different joints in his arsenal from which to choose,
depending on the project. Below in the table presenting some examples.

Połączenia stolarskie to metoda łączenia dwóch kawałków drewna. Stolarz ma do wyboru szereg
różnych typów złączy. W poniższej tabeli przedstawiono kilka przykładów.

Basic butt joint – basic wood joinery. A butt joint is when one piece of wood butts (connects) into another. Connection can be made by fastened using mechanical fasteners or glue

Styk, *czyli podstawowe złącze stolarskie. Ze stykiem mamy do czynienia, gdy jeden kawałek drewna styka się z innym. Połączenie może być wykonane za pomocą łączników mechanicznych lub kleju.*

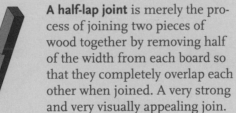

A half-lap joint is merely the process of joining two pieces of wood together by removing half of the width from each board so that they completely overlap each other when joined. A very strong and very visually appealing join.

Połączenie czopowe *zakładkowe proste powstaje poprzez usunięcie połowy grubości każdej z desek tak, że dokładnie się one pokrywają, gdy są złączone. To bardzo mocne i atrakcyjne wizualnie połączenie.*

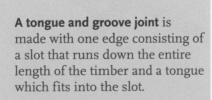

A tongue and groove joint is made with one edge consisting of a slot that runs down the entire length of the timber and a tongue which fits into the slot.

Połączenie na pióro i wpust *tworzą krawędzie dwóch kawałków drewna, z których jedna ma szczelinę, a druga wpust, który umieszcza się w szczelinie.*

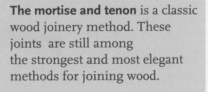

The mortise and tenon is a classic wood joinery method. These joints are still among the strongest and most elegant methods for joining wood.

Połączenie na gniazdo i czop *jest klasycznym złączem stolarskim. Takie połączenie należy do najmocniejszych i najbardziej eleganckich.*

Dovetail joint – it is one of the strongest joints; it is very strong because of the way the 'tails' and 'pins' are shaped

Połączenie na jaskółczy ogon *jest jednym z najmocniejszych połączeń dzięki sposobowi, w jaki ukształtowano wczepy.*

26.3. Narzędzia ciesielskie i stolarskie Carpentry and joinery tools

In joinery and carpentry you can use many types of tools. Some basic tools are: saws, planes, calipers, hammers, chisels, wrenches, screwdrivers, drills, tools for holding – clamps, measuring tools, support tools (knives, spirit levels, etc).

W stolarstwie i ciesielstwie można używać wielu typów narzędzi. Podstawowymi narzędziami są: piły, strugi, suwmiarki, młotki, dłuta, klucze, śrubokręty, wiertarki, imadła, miarki, noże, poziomnice itp.

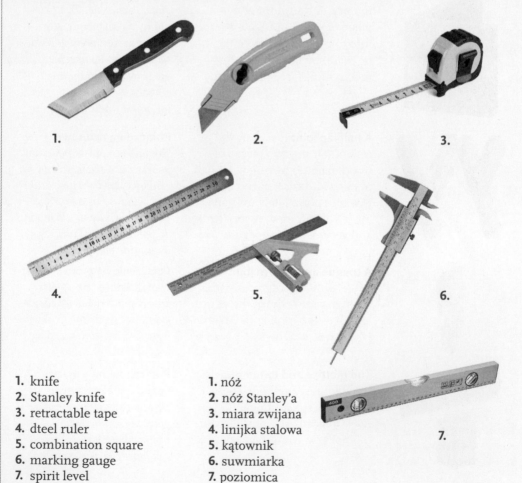

1.

2.

3.

4.

5.

6.

7.

1. knife
2. Stanley knife
3. retractable tape
4. dteel ruler
5. combination square
6. marking gauge
7. spirit level

1. nóż
2. nóż Stanley'a
3. miara zwijana
4. linijka stalowa
5. kątownik
6. suwmiarka
7. poziomica

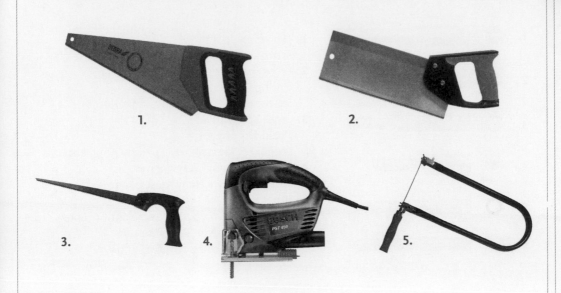

1. hand saw
2. tenon saw
3. dovetail saw
4. coping saw
5. fret saw

1. płatnica
2. grzbietnica
3. otwornica
4. wyrzynarka
5. laubzega, włośnica

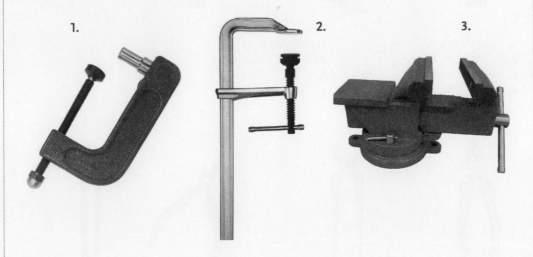

1. G-Clamp
2. speed clamp/quick release
3. woodworker's bench vice

1. zacisk
2. zacisk śrubowy
3. imadło

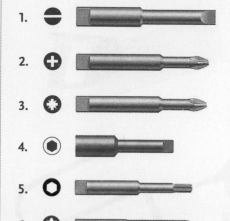

1. flat screwdriver
   śrubokręt płaski
2. cross screwdriver
   Phillips-Recess
   śrubokręt krzyżakowy Phillips-Recess
3. cross screwdriver
   Pozidriv / Supadriv
   śrubokręt krzyżakowy Pozidriv / Supadriv
4. outer hexagonal screwdriver
   śrubokręt zewnętrzny sześciokątny
5. inner hexagonal screwdriwer
   śrubokręt wewnętrzny sześciokątny (imbus)
6. inner screwdriver Torx Plus
   śrubokręt wewnętrzny Torx Plus

1.   2.   3.   4.

1. carpenter's hammer   1. młotek ciesielski
2. locksmith's hammer   2. młotek ślusarski
3. mason's hammer   3. młotek murarski
4. stone-cutter's hammer   4. młot kamieniarski

1.   2.   3.   4.

1. pliers   1. kombinerki
2. locksmith pincers   2. obcęgi
3. side pincers   3. obcinaczki boczne
4. pipe pincers   4. obcęgi do rur

ZADANIE 1.

Uzupełnij tabelę.
Fill in the table.

band saw	
	gwóźdź
plywood	
	drewno nieobrobione
axe	
	płyta pilśniowa miękka
jack plane	
	sposoby łączenia
chisel	
	piła ręczna ramowa
dowel joint	
	czop

ZADANIE 2.

Puzzle – utwórz słowa z liter i przetłumacz je na język polski.
Put the letters in the correct order to make words and translate them into Polish.

1. R S P I E L

_____

2. A S W A N H D

_____

3. R I N D E R G

_____

4. E E R N V R N

_____

5. O O S W D O F T

_____

6. S H E L I C

_____

7. T O R O N N E C C

_____

ZADANIE 3.

Jakie to połączenie? Podpisz rysunki w języku angielskim.
What type of joint is it? Name the joints in English.

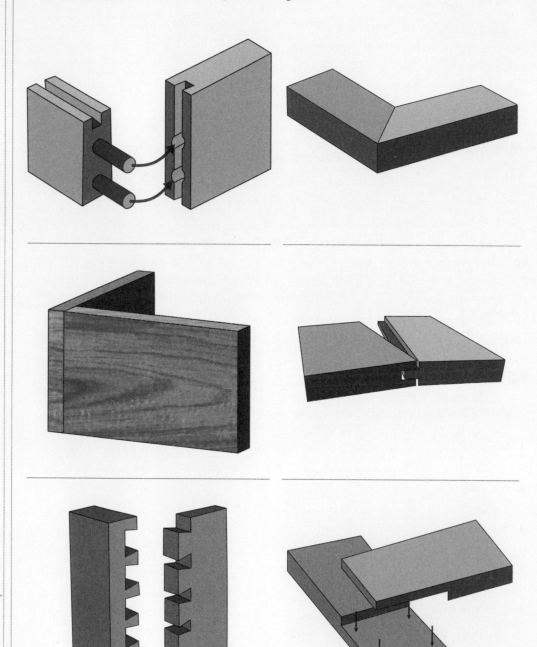

ZADANIE 4.

Przeczytaj tekst i wstaw brakujące słowa.
Read the text and fill in the missing words.

Fennell Floating House (completed in 2004) is an incredible floating house in Portland, Oregon. The entire structure is made from glulam*, _____ (drewniane belki) that Oshatz stacked and connected to make his signature swirling and curved design. Glulam is made from a number of small pieces of timber glued together, rather than a large singular piece of wood. This not only makes it super versatile but also greatly reduces the overall amount of material used. Glulam wood is much_____ (lżejszy) than most building materials like _____ (stal) and timber, and is also easy to produce without using a great deal of energy.

The home's sprawling window wall is not only for taking in amazing river views. The _____ (szkło, szyba) allows the sun's rays to heat and light the home during the day while providing natural _____ (wentylacja). The two-level residence is bright and open, with a lofted master bed and _____ (łazienka). The main level includes a vast common area to gather and enjoy the waterside. With materials prefabricated and barged in on a boat, the home's construction required minimal amounts of energy. Most importantly, construction did not disrupt the atmosphere of the river, which is also a national natural _____ (krajobraz). With this amazing floating home, Oshatz defies the odds again, seamlessly integrating a beautiful, modern home into its surrounding environment.

*Glulam – glued laminated beam

ZADANIE 5.

Podpisz nazwy drzew w języku angielskim.
Write the names of trees in English.

dąb

sosna

_____

_____

klon

sekwoja

cis

brzoza

buk

jodła

27 Życiorys i rozmowa kwalifikacyjna
CV and job interview

KEY WORDS – WAŻNE POJĘCIA

acccount konto / rachunek

account is overdrawn przekroczono limit na koncie

application form formularz podania o pracę

apply ubiegać się

apprenticeship praktyka zawodowa

available funds dostępne środki

balance saldo

bank statement wyciąg z konta

blue-collar worker pracownik fizyczny, robotnik

bonus premia

career kariera / zawód / praca

career advancement, promotion awans zawodowy

civil engineering technician technik budownictwa

civil state, marital status stan cywilny

close an account zamknąć konto

colleague współpracownik

collective agreement umowa zbiorowa

company car samochód służbowy

contract of employment umowa o pracę

cover letter, covering letter list motywacyjny

credentials, references referencje

CV, resume, curriculum vitae życiorys

date of birth data urodzenia

Department for Work and Pension Departament Pracy, Emerytur i Rent

desk job praca przy biurku

diploma dyplom

driving licence prawo jazdy

duties obowiązki

earn zarabiać

employee pracownik

employer pracodawca

employment zatrudnienie

employment contract for an indefinite period umowa o pracę na czas nieokreślony

Employment Office urząd pracy

enclose a CV dołączyć życiorys

fee wynagrodzenie za usługę

first name imię

fixed term concract, temporary contract umowa na czas określony

flexible time, flexitime nienormowany czas pracy

full-time job praca na pełen etat

hard work ciężka praca

identity card, ID dowód osobisty

Immigration and Nationality Enquiry Bureau Biuro Informacji ds. Imigracji i Narodowości

income dochód

internship praktyka

interview rozmowa kwalifikacyjna

interview wywiad

issue a document wydać dokument

job praca, zawód

job advertisement, job offer ogłoszenie o pracę

job centre biuro pośrednictwa pracy

labour robocizna

leave urlop

leave of absence zwolnienie

letter of application podanie o pracę

look for a job szukać pracy

MA Master of Arts magister nauk humanistycznych, ekonomicznych, artystycznych

MA thesis praca magisterska

management zarząd

manager kierownik

marital status stan cywilny

maternity leave urlop macierzyński

Ministry of Internal Affairs Ministerstwo Spraw Wewnętrznych

MS, Master of Science magister nauk ścisłych

MSc thesis praca magisterska (nauki ścisłe)

National Insurance Number (NIN) numer ubezpieczenia

nationality narodowość

NHS number numer ubezpieczenia zdrowotnego

NHS, National Health Service Narodowa Służba Zdrowia (w Polsce Narodowy Fundusz Zdrowia)

night shift nocna zmiana

occupation zawód, zajęcie

OD, overdraft limit limit na koncie

odd jobs drobne prace (praca dorywcza)

part time job praca w niepełnym wymiarze godzin

passport paszport

payment order polecenie wypłaty

payroll lista płac

personal account rachunek oszczędnościowo-rozliczeniowy (ROR)

physical work praca fizyczna

place of birth miejsce urodzenia

profession zawód

professional profesjonalista

qualification kwalifikacje

responsible odpowiedzialny

retirement emerytura

sex, gender płeć

sick leave zwolnienie lekarskie

signature podpis

skilled work praca wymagająca kwalifikacji

skills umiejętności

Social Security Office Urząd Ubezpieczeń Społecznych

standing order zlecenie stałe

surname, family name nazwisko

Tax Office urząd skarbowy

teamwork praca zespołowa

temporary work praca tymczasowa

to apply for a job złożyć podanie o pracę

to be in charge of sth/sb być odpowiedzialnym, nadzorować coś/kogoś

to be off duty być po służbie

to be on call być pod telefonem / na dyżurze

to be on duty być na służbie

to be overqualified mieć zbyt wysokie kwalifikacje

to be / get promoted awansować

to be self-employed pracować na własny rachunek

to be underqualified mieć zbyt niskie kwalifikacje

to demote sb (someone) zdegradować kogoś

to do (sth) for a living zarabiać czymś na życie

to employ sb zatrudniać kogoś

to find a job znaleźć pracę

to fire sb, to give sb the sack wyrzucić kogoś z pracy

to get a job dostać pracę

to get a pay rise dostać podwyżkę

to get the sack zostać wyrzuconym z pracy

to give up rzucić pracę

to go on leave iść na urlop

to go to work iść do pracy

to hire sb wynajmować kogoś, zatrudniać kogoś

to have a succesfull career zrobić karierę

to make a withdrawal dokonać wypłaty

to make sb redundant zwalniać kogoś

to open an account założyć konto

to be overworked przepracowywać się

to promote sb awansować kogoś

to rent an apartment wynajmować mieszkanie

to resign zrezygnować

to retire odejść na emeryturę

to sign podpisać

to submit the documents przedłożyć dokumenty

to train szkolić

to work pracować

to work as a ... pracować jako ...

to work freelance pracować na zlecenie / jako „wolny strzelec"

to work from home pracować w domu

trade unions związki zawodowe

training szkolenie

transfer przelew

transfer charge opłata za przelew

unemployed bezrobotny

unemployment bezrobocie

unemployment rate stopa bezrobocia

unpaid leave urlop bezpłatny

unskilled work praca nie wymagająca kwalifikacji

vehicle insurance certificate ubezpieczenie samochodu

vehicle registration document dowód rejestracyjny pojazdu

vocation powołanie

wage wypłata (tygodniówka)

well-paid job dobrze płatna praca

white-collar worker pracownik umysłowy

work praca

work conditions warunki pracy

work experience doświadczenie zawodowe

work permit pozwolenie na pracę

work placement praktyka, staż

workaholic osoba uzależniona od pracy

worker, labourer robotnik

27.1. Życiorys
CV

CV

JAN KOWALSKI
NEW STREET NO. 34 , CRACOW – POLAND
MOBILE PHONE + 123456789

1. EDUCATION

2000–2003   Diploma in Construction (Brick Making and Laying) – Vocational School, Cracow

2005   Cracow Chamber of Crafts – Special courses "Masonry work in energy – efficient houses"

2. PROFESSIONAL EXPERIENCE

2003–2005   stone mason at the Cracow ABC Construction Company, Cracow, Poland

Responsibilities:
- Breaking rocks in the Cracow Quarry
- Loading standard construction stones onto transport trucks
- Shaping broken rock into standard construction stones

2005–2008   bricklayer at London XYZ Construction, London, England
2008   til now bricklayer at ABC General Company, Cracow, Poland

Responsibilities:
- Mixing materials for making mortar
- Bricklaying
- Overseeing the purchase and delivery of materials
- Maintaining and cleaning equipment used for masonry work

3. Additional skills
- Driving license

Cracow, 1st September 2009

(handwritten signature)

ŻYCIORYS

JAN KOWALSKI
UL. NOWA 34, KRAKÓW - POLSKA
TELEFON + 123456789

1. WYKSZTAŁCENIE

2000–2003	Budowlana Szkoła Zawodowa w Krakowie (produkcja i układanie cegieł)
2005	Krakowska Izba Rzemieślnicza – specjalne kursy "Roboty murarskie w domach energooszczędnych"

2. DOŚWIADCZENIE ZAWODOWE

2003–2005   kamieniarz w krakowskiej spółce budowlanej ABC, Kraków, Polska

obowiązki:
* kruszenie skał w kamieniołomach w Krakowie
* ładowanie kamieni na ciężarówki
* przetwarzanie wydobytych skał na standardowe kamienie budowlane

2005–2008   murarz w firmie XYZ Construction, Londyn, Anglia
2008 do teraz   murarz w spółce ABC, Kraków, Polska

obowiązki:
* mieszanie materiałów na zaprawę murarską,
* murowanie,
* nadzorowanie zakupu i dostawy materiałów,
* konserwacja i czyszczenie sprzętu wykorzystywanego do prac murarskich.

3. DODATKOWE UMIEJĘTNOŚCI
– Prawo jazdy

data

podpis

27.2. List motywacyjny
Cover letter (covering letter)

Mr Christopher Novak
ABC Carpenter Structure
64 Blue Street
Wrocław, Poland

Dear Mr Novak,

I would like to take the opportunity to introduce myself as the qualified carpenter you are seeking for your company. I have included my resume (CV) for your convenience.

I have been a professional carpenter for approximately 8 years, and have constructed roof structures and small wood structures for hundreds of clients.

I have worked both in the production environment at Number One Carpentry Company, as well as for myself on a contract basis, creating tailor-made roof structures (roof trusses).

I am fully trained and skilled in working with all kinds of wood, carpentry techniques, and woodworking machinery. I am hardworking and aware of the duties of the job.

I will be happy to show you some of my works if we can meet in person. Could you please contact me at 123456789 or at carpenter@email.com to schedule a suitable time? Thank you for your time.

I look forward to hearing from you.

Pan Krzysztof Nowak
ABC Roboty Ciesielskie
Ul. Niebieska 67
Wrocław

Szanowny Panie,
chciałbym skorzystać z okazji i przedstawić się jako wykwalifikowany cieśla, którego szuka Pan dla swojej firmy. Dla Pańskiej wygody załączam swój życiorys.

Jestem zawodowym cieślą mniej więcej od 8 lat i wykonywałem więźby dachowe i małe konstrukcje drewniane dla setek klientów.

Byłem pracownikiem produkcyjnym w firmie ciesielskiej Numer Jeden, pracowałem także na własny rachunek na podstawie umów, konstruując więźby dachowe.

Jestem w pełni wykwalifikowany i wyszkolony do pracy z różnymi rodzajami drewna, przy zastosowaniu różnych technik ciesielskich i maszyn do obróbki drewna. Jestem pracowity i obowiązkowy.

Gdybyśmy mogli spotkać się osobiście, z wielką radością pokazałbym Panu niektóre z moich prac. W celu uzgodnienia odpowiedniego terminu, proszę o kontakt pod numerem 123456789 lub adresem carpenter@email.com.

Dziękuję za poświęcony mi czas.

Czekam na wiadomość od Pana.

27.3. Umowa o pracę
Contract of employment, employment agreement

A contract of employment should include such information as: the employer's name, employee's name, the date of commencement of employment, the main place of work — address, job title, duties and responsibilities, the trial period, working hours, lateness, salary, holiday, sick leave and disciplinary procedures.

Umowa o pracę powinna zawierać takie informacje, jak: nazwa pracodawcy, imię i nazwisko pracownika, data rozpoczęcia pracy, adres głównego miejsca pracy, nazwa stanowiska, zakres obowiązków i odpowiedzialności, okres próbny, godziny pracy, konsekwencje spóźnień, warunki wynagrodzenia, wymiar urlopu, zasady korzystania ze zwolnień lekarskich i procedury dyscyplinarne.

27.4. Rozmowa kwalifikacyjna
Job interwiev

EXAMPLES OF QUESTIONS :
- *How many years of experience have you got? Who did you work for in the past?*
- *Do you like working with other people?*
- *Do you have any education in construction?*
- *Do you take criticism well?*
- *Do you work for a company or for yourself?*
- *What salary do you expect?*
- *What are the pros and cons of your job?*
- *Are you ready to work in a team?*
- *What are your skills?*
- *Could you tell me something about yourself?*
- *Why do you want to work for this company?*
- *Have you done this kind of job before?*
- *What kind of equipment can you operate?*
- *What are your strengths and weaknesses?*

QUESTIONS FOR A ROOFER:
- *Tell me about the biggest roofing job you have done.*
- *How many years of experience do you have in roofing?*
- *What is the steepest pitch you have worked on a roof before?*
- *What do you dislike about roofing?*
- *Can you install a new drainage system on the roof?*

QUESTIONS FOR A BRICKLAYER:
- *How long did you learn bricklaying for?*
- *Can you describe me the process of bricklaying, from mixing up the mortar to laying the brick?*
- *How many bricks (on average) can you lay on a typical work day?*

QUESTIONS FOR A PAINTER:
- *What are the basic tools of a painter?*
- *Typically how many coats of paint do you prefer to apply to any wall for perfection?*
- *Do you prefer working inside?*

QUESTIONS FOR A PLUMBER:
- *What training do you have in plumbing?*
- *Have you ever plumbed an industrial building?*
- *There's cold water coming through the hot tap, what would be the problem?*

QUESTIONS FOR A CIVIL ENGINEERING TECHNICIAN:
- *What is your educational qualification? What skills will you bring to our organization?*
- *What are the functions of a ceiling in the building structure?*
- *How do you determine the density of materials?*
- *What is the strength of C20/25 concrete?*
- *What is a ring beam?*
- *What are the advantages and disadvantages of energy-efficient houses?*
- *What is the weight of normal concrete?*

Pytania ogólne:
- *Od ilu lat Pan pracuje? Dla kogo pracował Pan wcześniej?*
- *Czy lubi Pan pracować z innymi ludźmi?*
- *Czy ma Pan wykształcenie budowlane?*
- *Czy dobrze przyjmuje Pan krytykę?*
- *Czy pracuje Pan w firmie, czy na własny rachunek?*
- *Jakiego wynagrodzenia Pan oczekuje?*
- *Jakie są plusy i minusy Pana pracy?*
- *Czy jest Pan gotowy do pracy w zespole?*
- *Jakie są Pańskie umiejętności?*
- *Czy mógłby Pan powiedzieć mi coś o sobie?*
- *Dlaczego chce Pan pracować w tej firmie?*
- *Czy wykonywał Pan już taką pracę?*
- *Jakie urządzenia potrafi Pan obsługiwać?*
- *Jakie są Pańskie mocne i słabe strony?*

Pytania do dekarza:
- *Proszę opowiedzieć o najpoważniejszych pracach dekarskich, jaki Pan wykonał.*
- *Ile ma Pan lat doświadczenia w dekarstwie?*
- *Na jakim największym nachyleniu dachu Pan pracował?*
- *Czego nie lubi Pan w dekarstwie?*
- *Czy instalował Pan już nowy system odwodnienia dachu?*

Pytania do murarza:
- *Jak długo uczył się Pan murarki?*
- *Czy może Pan opisać proces murowania?*
- *Ile przeciętnie cegieł kładzie Pan w ciągu dnia roboczego?*

Pytania do malarza:
- *Jakie są podstawowe narzędzia malarza?*
- *Ile warstw farby kładzie Pan na ścianie, by doprowadzić ją do perfekcji?*
- *Czy preferuje Pan pracę w środku czy na zewnątrz?*

Pytania do hydraulika:
- *Jak długo uczył się Pan hydrauliki?*
- *Czy może Pan opisać proces murowania od mieszania zaprawy do układania cegieł?*
- *Ile cegieł przeciętnie może Pan ułożyć w ciągu typowego dnia pracy?*

Pytanie do technika budownictwa:

- *Jakie jest Pana wykształcenie? Jakie Pana umiejętności będą przydatne dla naszej firmy?*
- *Jakie są funkcje stropu w konstrukcji budynku?*
- *Jak określi Pan gęstośc materiału?*
- *Jaka jest wytrzymałość betonu C20/25?*
- *Co to jest wieniec?*
- *Jakie są zalety i wady domów energooszczędnych?*
- *Jaka jest waga betonu zwykłego?*

PRZYDATNE ZWROTY   USEFUL PHRASES

PRZYDATNE ZWROTY	USEFUL PHRASES
Bardzo lubię pracować z ludźmi.	I really enjoy working with people.
Czekam na Państwa odpowiedź.	I look forward to hearing from you.
Jakie są Pana zainteresowania (hobby)?	What are your hobbies?
Jestem bardzo dobry w zarządzaniu czasem i bardzo szczery.	I'm very good at managing time and I'm very honest.
Jestem perfekcjonistą.	I am a perfectionist.
Lubię...	I enjoy ...
Moja najmocniejszą stroną jest obsługa klienta.	My strongest trait is in customer service.
Moje hobby to...	My hobbies are ... and ...
Moje mocne strony to między innymi...	My strengths are among others ...
Piszę do Państwa aby ubiegać się o posadę...	I am writing to apply for the position of ...
Ta praca wymaga umiejętności malarza, mam duże doświadczenie w malowaniu.	This job requires painting skills and I have a lot of experience in painting.
Ukończyłem... (w znaczeniu uczelni)	I have graduated from...
Używałem wielu narzędzi.	I have used many different tools.
W wolnym czasie robię...	I do ... in my spare time.
Wierzę, że moją dominującą cechą jest zwracanie uwagi na szczegóły. Ta cecha ogromnie mi pomogła w pracy.	I believe that my strongest trait is paying attention to details. This trait has helped me tremendously in this field of work.
Większość mojego doświadczenia jest związana z tą dziedziną.	Most of my experiences have centered around this field.
Zawsze interesowałem się...	I have always been interested in...

TELL ME ABOUT YOURSELF

I	like working with people communicate well follow instructions
I am good at	maths drawing working with my hands
I am	punctual responsible flexible
I like	travelling fishing learning languages

OPOWIEDZ O SOBIE

(Ja)	lubię pracować z ludźmi. dobrze porozumiewam się z ludźmi. postępuję zgodnie z instrukcjami.
Jestem dobry	z matematyki. z rysunku. w pracach ręcznych.
Jestem	punktualny. odpowiedzialny. elastyczny.
Lubię	podróżować. wędkować. uczyć się języków obcych.

WYKSZTAŁCENIE   EDUCATION

Szkoła zawodowa	Vocational school
Przyzakładowa zasadnicza szkoła zawodowa	Company-affiliated basic vocational school
Technikum	Technical college
Liceum ogólnokształcące	Secondary school
Technikum budowlane	Technical secondary school of building
Wyższa szkoła zawodowa	Higher school of vocational education
Technikum dla dorosłych	Secondary technical school for adults

Politechnika	University of technology
Studia podyplomowe	Postgraduate studies
Uniwersytet	University

UMOWA O PRACĘ PRZYDATNE ZWROTY
CONTRACT OF EMPLOYMENT USEFUL PHRASES

Okres próbny trwający...	A trial period of ...
W razie potrzeby zapewniamy zakwaterowanie	Accommodation can be arranged if required
Za zgodą stron	By mutual agreement between the parties
Wykonywać obowiązki wymienione w zakresie obowiązków dołączonym do niniejszej umowy.	Carry out duties set out in the job description attached hereto.
Wykonywać wszystkie polecania pracodawcy	Comply with all instructions of the employer
Umowa zawarta na czas nieokreślony	Concluded for an indefinite period of time
Zawarta w dniu... pomiędzy...	Conluded on ... between ...
Data rozpoczęcia pracy...	Date of commencement of employment ...
Zatrudniać jako...	Employ as ...
Zakwaterowanie i wyżywienie	Full board and lodging offered
W razie wątpliwości proszę pytać Pana Kowalskiego	In case of any doubts, please ask Mr Kowalski
Pan Kowalski będzie pańskim zwierzchnikiem	Mr Kowalski will be your superior
Odzież ochronna zapewniona	Personal protective clothing will be provided
Stanowisko i obowiązki...	Position and duties ...
Zastępstwo na czas...	Replacement for a period of time from ...
Wynagrodzenie jest ustalone na bazie 40-godzinnego tygodnia pracy	Salary is based on 40 hour working week
Okres zatrudnienia...	Term of employment ...
Rozwiązanie umowy	Termination of contract
Umowa wygasa wraz z zakończeniem okresu próbnego	Termination upon expiry of the trial period

Warunki zatrudnienia	Terms and conditions of employment
Pracownik jest zobowiązany do...	The employee is obliged to: ...
Strony umowy...	The parties to the agreement ...
Umowa zawarta jest na czas nieokreślony	This agreement is concluded for an indefinite period of time
Zapewniamy przeszkolenie	Training will be provided
Z trzymiesięcznym wypowiedzeniem pracodawcy / pracownika	With a 3-month written notice from the employer/employee
Będzie Pan podlegać panu Kowalskiemu	You will be a subordinate of Mr Kowalski

ZADANIE 1.

Napisz swój życiorys w języku angielskim.
Write your CV in English.

ZADANIE 2.

List motywacyjny absolwenta technikum budowlanego – przetłumacz podkreślone fragmenty.
Covering letter by a technical college graduate – translate the highlighted fragments into Polish!

COVER LETTER FOR CIVIL ENGINEERING TECHNICIAN JOB

Job Application
Denis Novak
67 New Street
Poznań – Poland
+00 12345678

Date: 1 July 2012

Mr John Smith
Personnel Manager,
XYZ Civil Engineering Department
14 Sw.Marcin Street
Poznań – Poland

Dear Mr Smith,

I am writing this letter in response to your advertisement of opening the Civil Engineering Technician Division, placed in Gazeta Wyborcza, on June 15, 2012. This position matches my career interests and is strongly compatible with my skills and experience.

I have graduated from a reputable secondary school with a degree in Poznań and have had experience in civil engineering for the last five years. I was working with other civil engineering technicians with the tasks and responsibilities focusing on planning, designing, and overseeing the construction and maintenance of structures and facilities, under the supervision of engineering staff or physical scientists (see my resume for details). Now I am interested in joining your team, taking responsibility for the same position. I believe I am the one who has the skill set and experience you are looking for.

I would greatly appreciate an opportunity to convince you that my services would be an asset to your company. I assure you that a high level of efficiency would be applied to any assignment given to me. I hope my qualifications and experience merit your consideration.

Thank you for kind attention, and I am looking forward to your reply.

Sincerely yours

_____
_____
_____
_____
_____
_____
_____

ZADANIE 3.

Podanie o pracę – uzupełnij brakujące słowa.
Fill in the missing words in the job application.

JOB APPLICATION

Andrew Kowalski
72 Flower Street
Gdańsk – Poland
+00 12345678

Mr Paul Kowalski
62 East Street
Gdańsk, Poland

Dear Mr Kowalski,

I am an experienced _____ (murarz). I have worked with porous ceramic, _____ (beton komórkowy) and silica brick as well. I know these are popular choices with home buyers today so I am especially interested in being hired for your new production home development department in ABC .

Your description of the position on bricking.com fits perfectly with my _____ _____ (zdolności i doświadczenie). I am writing this _____ (list motywacyjny) to apply for this job. I have a team spirit and would work well with other bricklayers who are also employed by XYZ Mason Company.
May we meet to talk about this position in person? I feel certain that I am the one for the job. Please _____ (do mnie zadzwonić) on my cell phone: 123456789 to arrange an _____ (rozmowa kwalifikacyjna). It would be great to meet you in person, to discuss my _____ (kwalifikacje) and to hear what you expect from an employee. Thank you for reading my cover letter.

Yours Sincerely,
Andrew Novak

ZADANIE 4.

Połącz w pary.
Match the pairs.

to employ someone ○   □ to get the sack
to be fired ○   □ to be an employer
to retire ○   □ to give someone the sack
to make someone redundant ○   □ to go into retirement

ZADANIE 5.

Rozmowa kwalifikacyjna na stanowisko cieśli – uzupełnij brakujące słowa.
The job interview for a carpenter. Fill in the missing words.

– Good morning. _____ (usiądź), please. Can I help you?
– I want to get a job as a _____ (cieśla).
– Excellent. Could you tell me your name, please?
– Adam Smith.
– Where are you from?
– I am from Poznań
– What experience do you have?
– I have been working as a carpenter in a small local construction company.
– Have you got any knowledge about _____ (konstrukcja dachu) and
  carpenter tools?
– Yes. I have a diploma from a vocational school. I was one of the best in my
  _____ (klasa)
– Do you know any _____ (język obcy)?
– Yes, I speak English.
– Why do you think you will be a good carpenter?
– Well, I am a very good _____ (rzemieślnik) and I know a lot of
  wood structures, because it is my passion. I have very good eye-hand coordination.
– Very well. Could you tell me something about your other hobbies?
– I like fishing and traveling. It makes me feel free.

– Have you got any questions you would like to ask?
– Yes, I want to ask about the _____ (zarobki). If I get this job, how much will I be earning?
– In season, the rate is xxx PLN for a month.
– Thank you very much.
– Thank you. I will get in touch tomorrow. Goodbye.
– Goodbye.

ZADANIE 6.

Przeczytaj ofertę pracy i odpowiedz na pytania.
Read the job offer and answer the questions.

BUILDING SITE MANAGER NEEDED

Requirements:

- MSc (master of science) in civil engineering
- minimum 10 years experience
- fluent English
- knowledge of German on a basic level,
- driving license

---

1. Must the candidate have a MSc degree in civil engineering??

_____

_____

2. Must the candidate speak at least four languages?

_____

_____

3. Must the candidate have 10 years of experience?

_____

_____

ZADANIE 7.

Połącz w pary.
Match the pairs.

zorganizowany ○	□ friendly
szczery ○	□ loyal
punktualny ○	□ hardworking
pracowity ○	□ punctual
bystry ○	□ responsible
lojalny ○	□ bright
koleżeński ○	□ well-organized
odpowiedzialny ○	□ honest

Źródła zdjęć i ilustracji

Okładka: (budowlaniec) Luis Lauro/Shutterstock.com, (flaga) Filip Bjorkman/Shutterstock.com

Tekst główny: s. 7 (budynek) Santiago Cornejo/Shutterstock.com, s. 10 (przekrój domu) Patrycja Szot, s. 10 (komin) M. Kucz, s. 10 (rynna) M. Kucz, s. 11 (okno) M. Kucz, s. 12 (hotel Atlantis) Irina Schmidt/Shutterstock.com, s. 14 (Park Guell) Valerie Potapova/Shutterstock.com, s. 16 (Egipt) M. Kucz, s. 16 (Akropol) Sergii Korshun/Shutterstock.com, s. 16 (Łuk Tryumfalny) M. Kucz, s. 16 (Besalu) M. Kucz, s. 16 (Poznań – katedra) M. Kucz, s. 17 (Warszawa – Wilanów) M. Kucz, s. 17 (Łotwa – Ryga) M. Kucz, (dworek pod Warszawą) M. Kucz, (Barcelona – Sagrada Familia) spirit of america/Shutterstock.com, (Australia, Sydney – opera) M. Kucz, (Petronas Twin Towers) M. Kucz, s. 20 (Notre-Dame) Bertl123/Shutterstock.com, s. 21 (Barcelona) M. Kucz, (Ryga) M. Kucz, (Dubrownik) M. Kucz, (fontanna) M. Kucz, s. 23 (kościół) marekuszi/Shutterstock.com, s. 24 (budowa) Ant Clausen/Shutterstock.com, s. 26 (budowa) M. Kucz, (wejście) M. Kucz, (elektryka) Nagy-Bagoly Arpad /Shutterstock.com, s. 27 (malowanie) auremar/Shutterstock.com, (hydraulik) kurhan/Shutterstock.com, (dach) M. Kucz, (kask) Csaba Peterdi/Shutterstock.com, s. 28 (drewniane konstrukcje) M. Kucz, s. 35 (pisa) Luciano Mortula/Shutterstock.com, s. 36 (przykłady elementów) R. Kirilenko, s. 38 (dach) Trombax /Shutterstock.com, (drzewo) M. Kucz, s. 38 (wykresy obciążeń) R. Kirilenko, s. 39 (wykresy obciążeń) R. Kirilenko, s. 41 (most) somchaij/Shutterstock.com, s. 42 (dom) V. J. Matthew/Shutterstock.com, (fabryka) luchschen/Shutterstock.com, (budynek) Blaz Kure/Shutterstock.com, s. 43 (ulica) M. Kucz, (most) somchaij/Shutterstock.com, (most) ollirg/Shutterstock.com, (samolot) Jelle vd Wolf/Shutterstock.com, (most) portumen/Shutterstock.com, s. 45 (most) M. Kucz, (samolot) Jelle vd Wolf/Shutterstock.com, (stadion) katatonia82/Shutterstock.com, (kościół) Pecold/Shutterstock.com, s. 46 (plan) Nikonaft/Shutterstock.com, s. 48 (projekt) gwycech/Shutterstock.com, s. 50 (plany) Ionia /Shutterstock.com, s. 52 (schody) romakoma/Shutterstock.com, s. 52 (klatka schodowa) M. Kucz, (schody) M. Kucz, (schody) R. Kirilenko, s. 53 (rodzaje schodów) R. Kirilenko, s. 55 (plany domu) R. Kirilenko, s. 56 (schody) M. Kucz, (schody) M. Kucz, s. 58 (budowa) dominique landau/Shutterstock.com, s. 60 (robotnicy) M. Kucz, (konstrukcja) M. Kucz, (dach) M. Kucz, s. 61 (fundamenty) M. Kucz, (fundamenty) M. Kucz, (krany) M. Kucz, (zbrojenie) M. Kucz, (spawanie) M. Kucz, (malowanie) M. Kucz, s. 63 (budowa) Lawrence Wee/Shutterstock.com, s. 66 (koparka) Mecalac, (koparka) Nickinator/Wikipedia, s. 67 (koparka chwytakowa) keith morris / Alamy/BE&W, (koparka) Supertrooper /Shutterstock.com, (czarno-biała koparka) LANBO/Shutterstock.com, s. 68 (dźwig) Dmitry Kalinovsky/Shutterstock.com, (dźwigi) alex saberiShutterstock.com, (samochód) NarayTrace/Shutterstock.com, s. 69 (plac budowy) Li Wa/Shutterstock.com, (plac budowy) Owen Suen/Shutterstock.com, (plac budowy) Li Wa/Shutterstock.com, s. 71 (betoniarka) Bram van Broekhoven/Shutterstock.com, (buldożer) JVrublevskaya/Shutterstock.com, (dźwig samochodowy) ownway/Shutterstock.com, (koparka kołowa) AlexKZ/Shutterstock.com, (koparkoładowarka) Dmitry Kalinovsky/Shutterstock.com, (wywrotka) Faraways/Shutterstock.com, s. 72 (niwelator) Fennel, s. 74 (kielnia) VERSUSstudio/shutterstock.com, (szlifierka kątowa) as3/Shutterstock.com, (młotek) Neo Tools, (drabina) Peter Gudella/Shutterstock.com, (zacieraczka) Bautech, (niwelator) Fennel, s. 75 (giętarka do rur) Winai Tepsuttinun/Shutterstock.com, (paca tynkarska) Coprid/Shutterstock.com, (obcęgi) Conrad, s. 76 (narzędzia) Zelfit/Shutterstock.com, s. 83 (szelki) Lanex Helend Dak, (kask) Lanex Helend Dak, (urządzenia samohamowne) redpoint-24.pl, (siatka) Safex, (zabezpieczenie) Jan Lipina/Shutterstock.com, (balustrada) Lawrence Wee/Shutterstock.com, s. 86 (budowa) Owen Suen/Shutterstock.com, s. 88 (wjazd na plac budowy) R. Kirilenko, s. 89 (ruch na budowie) R. Kirilenko, s. 95 (kalkulator) Perig/Shutterstock.com, s. 98 (szacowanie) Pixsooz/Shutterstock.com, s. 100 (drut) chinahbzyg/Shutterstock.com, s. 102 (budowniczy) auremar/Shutterstock.com, s. 105 (pomiar) Dmitry Kalinovsky/Shutterstock.com, s. 109 (trójkąt Fereta) R. Kirilenko, s. 111 (ściana) M. Kucz, s. 113 (wykres) R. Kirilenko, s. 114 (cement) Artcem, s. 117 (produkcja cementu) R. Kirilenko, s. 120 (cement) Hanson, s. 121 (betonowanie) Vadim Ratnikov/Shutterstock.com, s. 126 (zniszczenie betonu) M. Kucz, (badanie betonu) M. Kucz, (ścieranie – tarcza Boehmego) M. Kucz, (elementy prefabrykowane żelbetowe) M. Kucz, s. 128 (wyrównywanie wylewki betonowej)